一湯入魂

温泉♨俳優
原田龍二
RYUJI HARADA

湯ノ峰温泉　つぼ湯

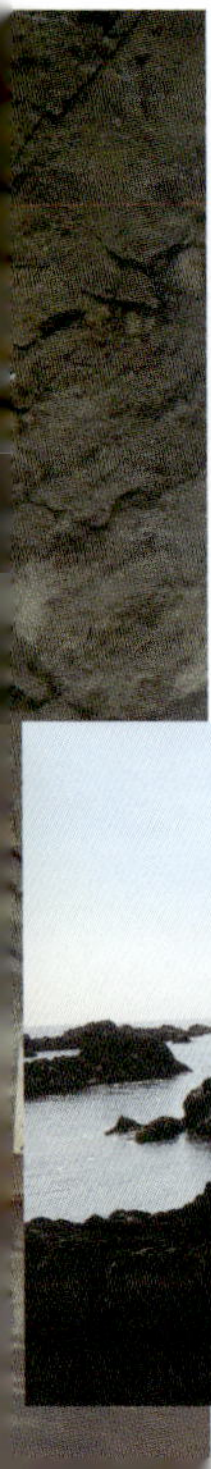

奥湯泊温泉

満願寺温泉　川湯

白骨温泉

黄金崎　不老ふ死温泉

小谷温泉奥の湯　雨飾高原森の露天風呂

万座温泉

然別湖　氷上露天風呂

妙見温泉

ほったらかし温泉

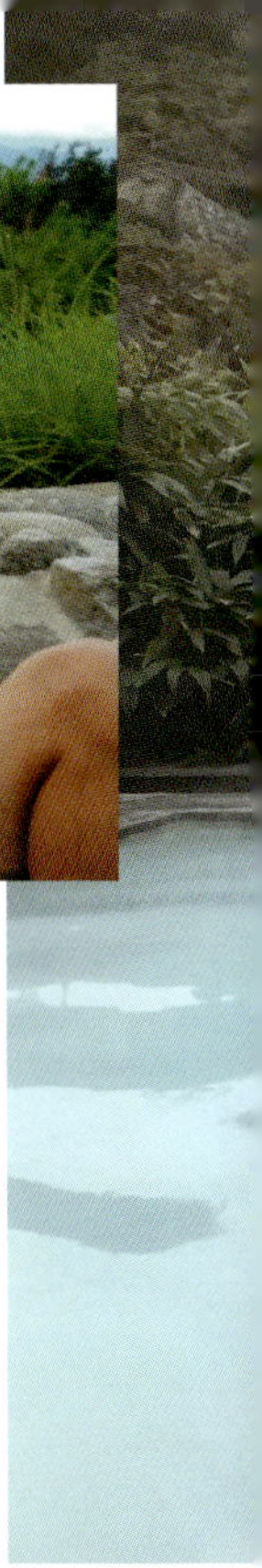

那須温泉　鹿の湯

川湯温泉

奥湯泊温泉

小谷温泉奥の湯
雨飾高原森の露天風呂

藤七温泉

川湯温泉

硫黄島　東温泉

尻焼温泉

尻焼温泉

万座温泉

蓮華温泉

湯俣温泉　噴湯丘の湯

三斗小屋温泉・煙草屋旅館

乳頭温泉「鶴の湯」

一湯入魂
温泉俳優 ♨ 原田龍二

目次

入湯宣言 ～はじめに～

原田龍二です。

〝温泉俳優〟という愛称のようなものが少しずつみなさんに知られるようになってきて、本まで出させていただくことになりました。恐縮です。ありがとうございます。

しかし僕はそもそも、そこまで温泉が好きだったわけではありませんでした。嫌いでもありません。どちらかというと、好きなほう、という程度でした。

子供の頃に家族で温泉に行った記憶がほとんどありません。当時、家族旅行と言えば父親が務めていた会社の山荘があった野尻湖のほとりが定番。毎年のように家族4人で出掛けていましたし、他にも何度か行き先は忘れましたが、観光をしたことはあります。しかし、温泉には縁がなかったのです。

温泉は入ってこそ。縁がなければ好きも嫌いもありません。だから正確に言えば、好き嫌い以前に温泉というものをよく知らなかった、のです。

僕が温泉と縁が出来たきっかけは、BS-TBSの旅番組でした。『それがしりたい～ニッポンおもしろいネ～』と、後続番組である『日本の旬を行く！　路線バスの旅』です。この本に収められているのは、二つの旅番組での記録です。

この番組はアポイントなし、台本なし、地図なしというぶっつけ本番のガチンコ旅でした。何の計画も立てず、気の向くまま思いつくまま寄り道をして、旅先で旬を満喫するという趣旨です。ですから本当に自由にやらせていただきました。無計画かつ思い付きで行動する僕は、すごく効率の悪いアクセスをしたり、急に行き先を変えたり、バスを逃して困り果てたりしたので、追いかけてくるカメラクルーは大変だったと思います。でもそのおかげで、僕は本当に行きたい場所へ行き、食べたいものを食べ、自由に旅を満喫しました。旅番組のナビゲーターではなく、完全に旅人でした。

これは番組側が僕を自由にさせてくれたのはもちろん、僕自身が旅人でいたいと強く思ったからでもあります。旅番組というと、事前にアポイントをとって、台本通りに進行して、観光地や人気スポットを押さえていくのが一般的です。それはそれで悪くないのですが、それは観光であって旅ではありません。

僕は私服で、パンパンに荷物の詰まったリュックを背負って、旅をしたかったのです。ある意味、視聴者の方々のことを考えていませんでした。僕が楽しみたかった。楽しんでいる様子を見た方が「俺も行ってみようかな」と思ってもらえたら嬉しい。そんなスタンスでした。

詳しくは本編に譲りますが、そうして本当の旅をしていたら、温泉に入る機会がありました。最初の旅で入った温泉で温泉愛に目覚め、二回目の旅で入った温泉で完全に虜になりました。勝手に温泉俳優を名乗るようになるほど、温泉の魅力にとりつかれてしまったのです。

僕がなぜそんなにも温泉を好きになったのか？　逆に言えば、温泉はなぜそんなにも人を引き付けるのか？　旅を通して僕が温泉から学んだことを、旅の記録とともに書きました。

この本を読み終えた時、「旅に出てみようかな」と思ってもらえたら、こんなに嬉しいことはありません。どうぞ、御笑覧ください。

カバー写真 ♨ 髙橋定敬
装幀・本文組版 ♨ 水木良太
構成 ♨ 中大輔
編集 ♨ 柴田洋史（竹書房）

「温泉は僕を裸にしてくれます。」

僕の〝温泉愛〟の原点

長野県上田市「別所温泉」

長野県北安曇郡小谷村「小谷温泉奥の湯・雨飾高原森の露天風呂」

♨ 〝温泉愛〟に目覚めた信州の旅

長野県北安曇《きたあずみ》郡小谷《おたり》村。雨飾高原にある露天風呂こそ、僕が温泉愛に目覚めた温泉だ。

僕を雨飾高原の露天風呂に引き合わせてくれたのは、2012年10月からBS－TBSで始まった番組『それがしりたい ～ニッポンおもしろいネ～』の初回放送分（2012年10月1日）で、「ぶっつけ本番！　ローカル線バスの旅～初秋の北信州をゆく～」という2時間のスペシャル企画だった。『水戸黄門』で共演させていただいた大先輩・三波豊和さんと一緒に信州を旅させていただいたのだ。

番組名通り、ぶっつけ本番。アポイントなし、台本なし、地図なし。移動手段は路線バスと徒歩のみ。最終的に「日本海に沈む夕陽を見る」というゴールだけを決めての、気ままな二泊三日の旅。

三波さんと一緒に長野を縦断していき、最終日の夕暮れ時に新潟県糸魚川市を目指すわけだが、どんな寄り道をしても自由。温泉に入らなくてはならない、というテーマもルールもない。そもそも温泉番

僕の入浴スタイルを築いた原点ともいえる温泉

組ではなく、路線バスで旅する番組なのだ。しかし僕は、旅の途中で偶然入った露天風呂に魅せられ、以降どっぷりハマっていくことになった。

　さて、どんな寄り道をして温泉に至ったのか。なぜ僕は温泉愛に目覚めたのか。振り返ってみようと思う。

　旅のスタートは信州の玄関口、長野新幹線・佐久平駅前。東京、大阪へ繋がる高速バスのターミナルにもなっている。

　三波さんと一緒に、佐久平駅前から千曲バス・佐久上田線に乗り、まずは小諸駅を目指した。

「何も決まってない旅っていいですよね」と僕が言うと、

「いいよねぇ」と三波先輩が返してくれた。

　あいにくの雨だったが（この後の旅で、徐々に僕の雨男ぶりが明らかになっていくが）、ノープランの宛のない旅に僕は心弾ませていた。分刻みのスケジュールで観光地をしらみつぶしにしていくような、せわしい観光をする方もいらっしゃると思う。テレビでもそういう番組作りが多いだろう。否定はしないけれど、僕はしたくない。風の吹くまま気の向くまま、流れに身を任せて漂うように旅がしたい派だ。

小諸駅前で降りると、僕は昼飯に蕎麦を提案した。信州といえば蕎麦だし、僕は目がないのだ。鍋と並び、一番好きな食べ物といっても過言ではない。

ただ地元で有名なお店がまだ開店前。時間つぶしに小諸の町を散策することにした。小諸城址懐古園を散歩してみたのだが、あいにくの雨だ。

雨の多い小諸の町中には、あらゆる店先や施設のエントランスに『あまやどりどうぞ』という小さな木の看板が掲げてある。なんとも風情があるではないか。遠慮なくスポーツ用品店（掛川スポーツ）やコミュニティ施設（北国街道ほんまち町屋館）などで雨宿りさせていただいた。

その後、道中聞こえてきた三味線の音色に誘われて教室を見学させてもらったりして、いよいよ蕎麦屋の開店時間。『そば蔵　丁子庵』は『男はつらいよ』のロケでも使われた歴史ある店だ。三波さんは天ざる、僕はざるそばをいただいたのだが、いやぁ美味かった。

今思い返しても恥ずかしい…屈辱の「別所温泉」

蕎麦に舌鼓を打った後は、小諸駅前に戻って上田駅行きのバスに乗った。二泊三日の旅。寄り道しながら長野を北上していき、少しずつ新潟へ近づいていく。

上田駅前からバスを乗り換え、今夜の宿を探そうと別所温泉へ向かった。どうせ泊まるなら、ありきたりなホテルよりも温泉も楽しめる旅館のほうが旅っぽくていいんじゃないか。そんなノリで向かったのだが、僕はこの別所温泉で後々まで後悔する〝失敗〟を犯してしまうのだ。

信州の鎌倉と呼ばれる別所温泉。界隈には17軒の宿がある。岐阜から来たという観光客の団体に遭遇したり、若いファミリーの「湯がいいからここにした」という旅人たちの声を参考にして『臨泉楼　柏屋別荘』に決めた。上田藩所縁の造り酒屋を改築して一世紀。歴史的な文豪たちが逗留した柏屋別荘は、歴史を感じさせる立派な旅館だった。アポなしの飛び込みなのに離れの部屋を用意していただけた。夕食も絶品だった。地元の夏野菜尽くしに、その場で炊き上げる無農薬の塩田米。本当に美味しかった。

問題はここからだ。『美人の湯』に、僕はバスタオル巻きで入ってしまったのだ。

テレビなんだから隠さないわけにはいかない？　確かにそうだ。タオルで隠すのが通例だし、チラリと見えてしまう場合はバラエティ番組などでもモザイクやマル秘マークで対応する。しかし、年配層も観ている旅番組や情報番組でモザイクやマル秘マークを連発することはできない。タオルで隠すことは視聴者の皆様も了承済みのことだろう。でも僕はタオル巻きが嫌いなのだ。視聴者として家でテレビを見ている時『※撮影のためにタオルを着用しています』というテロップが入るのが、昔からすごく嫌いだった。

以前、水谷豊さんとドラマの撮影で一緒に温泉に入るシーンがあった。通常、裸になるシーンでは肌色のパンツを履く。すると豊さんが、「おばさんの下着みたいだね」と言って笑うので、僕もゲラゲラ笑った。そうしたら本当におばさんの下着みたいに思えてきて、男の俺が履くのはカッコ悪い、絶対に嫌だと思えてきて、とうとう本番で履かなかったのだ（水谷さんは着用していた）。湯に浸かるのに何かを身に着けていることも、なんだかすごく嫌だった。

以来、僕は心の奥底で、もしも自分が温泉に入る仕事があったら、タオル巻きはすまい、と決めていたのだ。テロップは入れさせない、と誓っていたのだ。にも関わらず、僕はタオル巻きで入ってしまった。今思い返しても恥ずかしい。裸じゃなかったことが恥ずかしい。すごく後悔しているのだ。

旅の三日目に僕はもう一度温泉に入る機会があるのだが、そこで屈辱を晴らすことになる。

何も決めない、それこそが旅の醍醐味

断っておくが、僕が勝手にタオル問題で葛藤していただけで、別所温泉自体は素晴らしい温泉だった。柏屋別荘も素晴らしい宿であったことは明記しておきたい。

さて翌朝。旅も二日目。この日は三波さんと別行動をとることになった。三日目の朝に合流することを約束して、それぞれ自分の行きたい場所へ行くことにしたのだ。

三波さんは蕎麦で有名な戸隠へ。蕎麦好きだから戸隠にも惹かれたのだが、僕は『姨捨《おばすて》の棚田』へ向かった。全国で初めて国の名勝に指定され『日本の棚田百選』に選ばれている名所だ。眼下に広がる善光寺平の風景が美しく、アマチュアカメラマンが全国から集まるスポットでもあるという。

詳しくはのちに語るが、僕はいわゆる観光地に興味がない。にも関わらず棚田へ向かったのは、アジアの田園風景が大好きだからだ。東京生まれ東京育ちの江戸っ子である僕は、田舎の風景に対する憧れのようなものが大きい。特に稲穂が風に揺れている光景は、涙が出そうになるほど好きなのだ。

最寄りのバス停から高低差１００メートルの一番上の棚田を目指し、坂道を30分以上登った。息が切れ、汗が滴り落ちた。きつかったが、美しい棚田が広がってきたら辛さも吹き飛んだ。そして僕は無性に米が食べたくなった。

「ここで採れたお米を食べさせてくれるところはないですか?」

軽トラで通りかかったおじさんに尋ね、言われるがまま近くの民家のチャイムを押した。今思い出してもめちゃくちゃだ。棚田に来るのはいいが、米が食いたくなってアポなしでいきなり民家へ押しかけるなんて、どうかしている。

ピンポーン。

「はーい」

玄関先に、テレビで見たことのある男がいきなり「お米食べさせてください」なんて、さぞかし驚かれたろうと思う。朝比奈とめ代さんは、そんな僕を温かく迎えてくださった。すぐに台所へ引っ込んでお米を炊いて下さり、炊けるまでの間、ご自身の棚田を紹介してくださった。

朝比奈さんの棚田は観光協会のポスターに採用されるほど美しい棚田。ここで採れた炊き立ての米を軒先でいただいた。美味くないわけがない。突然の無茶なお願いを聞き入れてくださった優しさとあいまって、もうめちゃくちゃに美味かった。しかも、おにぎりまでお土産でくださった。

僕は今でも米を食べるたび、この時のことを思い出すことがある。観光地へ行ったことではなく、人の好意や優しさに触れたことこそ旅の醍醐味であり、最高の思い出になる。

棚田で最高の時間を過ごした後、かつて製糸業で栄えた須坂の町へ。花街があった浮世小路を歩いた。軒先で昔ながらの手作り玩具を作っているおじいさんに出会った。現代の子供たちに昔のおもちゃの良さを伝える活動をしている河野清一さんに、松風独楽やゴム鉄砲をお土産にいただいた。

その後、果樹園にお邪魔した。須坂は昼夜の温度差が少なく、雨も少ないため果物の栽培に適した土地だそうだ。黒岩果樹園でいただいた桃やプラムは絶品だった。

須坂からひたすら歩いたら小布施の町へ出た。夜も更けたため、たまたま見つけた『小布施の宿フランス食堂ヴァンヴェール』に宿をとった。一階がフランス料理の店で、二階がプチホテルになっている。信州みゆき豚や信州サーモンをフランス料理のシェフが仕立てるのだから、最高に美味しかった。堪能し、ぐっすり眠った。

いよいよ明日は旅の最終日。自分の人生を左右する〝温泉愛〟に目覚めることを、この夜の僕はまだ知る由もなかった。

♨ 全裸入湯スタイルを確立した「雨飾高原森の露天風呂」

翌朝。旅の最終日。三波さんと長野駅で合流した。アルピコ交通のバス、特急長野白馬線に乗り込んだ。「日本海に沈む夕陽を見る」という最終ゴールのため、最終日もまた長野をどんどん北上するのだ。

栂池《つがいけ》高原で村営バスに乗り換えて、小谷村を目指した。運転手さんが言っていた「日本のチベットみたいなところ」というのはその通りだった。耕地は3％弱。圧倒的な緑の中に埋もれるようにして民家が点在していた。そしてどんな人が暮らしているのかが気になって仕方がなくなった。数えるほどしかない民家のひとつを、これまたアポなしで突撃してしまった。

温かく出迎えてくれたのは山田寿彦さん。

「雨飾というのがありますよ」

日本百名山・雨飾山の南麓に湧く秘湯、小谷《おたり》温泉について教えてくださった。

早速、村営バスで雨飾高原へ。バスを降りるとすぐ、浴衣姿のご夫婦を見かけた。

「昼も夜もお薦めなんですよ」

奥様が言うように、昼間は太陽と緑、夜は満点の星が最高の露天風呂があるという。

あとで調べて詳しく知ったのだが、雨飾高原の露天風呂は秘湯とされる小谷温泉からさらに奥まっているため、別名「小谷温泉奥の湯」とも呼ばれる秘湯中の秘湯らしい。僕は温泉に詳しくないから「へぇー」という感じだった。夏場の旅だから汗を流したかっただけだった。

僕は温泉が嫌いではなかった。どちらかといえば好きなほうか。いや、日本人なら温泉が嫌いな人のほうが少ないかもしれない。つまり、この頃の僕の温泉に対する気持ちはそのくらいの〝温度〟だった。

しかし、さすが秘湯中の秘湯といわれるだけあって、温泉までのアプローチがワクワクさせてくれる。村営露天風呂を管理する『雨飾荘』から山道を数分いくのだが、ブナの原生林の間を、ひっそりと湯煙が漂ってきたのだ。温泉マニアや大の温泉好きではない僕ですら、胸が高鳴った。

「おおー！」

僕は思わず唸った。鮮やかな緑の中、岩場に囲まれた露天風呂が姿を現した。我が家の狭い風呂とは比べ物にならないのはもちろんだが、観光ホテルの大浴場でもなく、高級旅館の綺麗な内風呂とも違う、野性味あふれる大自然の中の湯処。テンションが上がった。

囲いと棚だけのシンプルな脱衣所。寸志を箱に入れてささっと服を脱ぎ、腰にバスタオルを巻いた三波さんの後をついていった。この時、僕は三波さんと同じようにタオルを腰に巻いてはいなかった。持っていなかったのだ。そもそもこの旅は、あらかじめ温泉に入るというプラン自体がなかった。旅の流れで温泉に入ることになっただけだ。三波さんは、たまたま私物のバスタオルを持っておられただけのこと。近くの『雨飾荘』に立ち寄れば貸しタオルもあったのかもしれない。しかし、ふらっと来て、いきなり入ることになったから何の準備もなかった。かといってテレビカメラは回っているし、隠さないわけにもいかない。

裸になった僕はふと、なんの計算もなく、近くに繁っていた葉っぱに手が伸びた。女性スタッフがいたにもかかわらず、僕は躊躇なく葉っぱを股間に持っていった。「葉っぱで隠したら面白いんじゃない」なんて事前の打ち合わせも仕込みも一切ない。一瞬の出来事に、ディレクターも「対応できなかった」と後で聞いた。

三波さんもなぜか「なんだよ、それ」「なんで葉っぱなんだよ」などと一言も突っ込まなかった。まるで原始人だ。大自然の解放感が僕にそんなまねをさせたのだろうか。しかし葉っぱで前を押さえただけの、99%全裸状態で浸かった露天風呂は格別だった。屋根も囲いもない。木漏れ日がキラキラ輝いて、緑が風に揺れて。熱すぎず、ぬるくもない絶妙な湯が体中に染み渡った。大自然の、いや地球の恵みに包み込まれているような気分になった。

気持ちいい――。

三波さんは温泉に詳しい。朝の情報番組で、さんざん温泉レポートをされてきた方だ。三波さんが温泉の効能などを語っておられた際、僕は湯のあまりの気持ち良さに、緊張感がゼロになっていた。あろうことか先輩にカットインしてしまった。

「いやぁ、よく温泉の番組で泉質とか効能とか言ってますけど、嘘ですよね。気持ち良ければいいじゃないですかね」

温泉に詳しい三波さんという大先輩に、なんという失礼なことを。しかし、三波さんは全然怒ったりせず、笑ってくださっていた。

本音だった。僕は成分表や効能など一切見ない。気持ちいいか、そうでもないか。それしか求めていない。気持ちいいかどうかは、泉質なんかも関係してくるんだろう。でももっと重要なのは、温泉に入る時の心身の状態ではないだろうか。汗だくになって辿り着いて、やっと入れた温泉は間違いなく気持ちがいいはずだ。冬なら寒さに凍えてやってきて、震えながら入っても最高に気持ちいいだろう。素晴らしい泉質の湯を都会のビルの谷間にセットを組んで入っても、気持ちよくないだろう。

逆に大自然に囲まれた絶景の中で、普通の水道水を温めたお風呂に入ったほうが、絶対に気持ちいいはずなのだ。景色があって、匂いがあって、風を感じて、鳥のさえずりがあって。だから気持ちがいいのだ。泉質は知りたい人が調べればいい。インターネットですぐにわかる時代だ。

奥田ディレクターと葉っぱで隠してのツーショット

グルメもそう。どこ産の、どういう調理方法で、という情報も大切かもしれない。だが最も大事なことは、本当に楽しんでいるか、本当に気持ちよくなっているか、本当に美味しく食べているかだ。
温泉に入ると、「気持ちいい」という言葉が真っ先に出る。それ以外の言葉を探しても見つからない。逆に何か気の利いた言葉をひねり出して飾り立てようとしても、真実から遠ざかってしまう気がするのだ。言葉はいらない。泉質も効能も知らなくていい。ただ、地球の恵みを有難くいただけばいい――。

雨飾高原森の露天風呂。僕が温泉愛に目覚めた瞬間だった。
その後、「日本海に沈む夕陽を見る」という最終ゴールで新潟県糸魚川市へ行き、ぎりぎり夕陽に間に合った。『虹の展望台』から見た、凪いだ日本海に沈む夕陽は本当に美しかった。間違いなく美しかったのだが、この旅で僕の心を強烈に打ち抜いたのは、大自然の露天風呂だった。
この旅で温泉愛に目覚めてしまった僕は、以降、果てしない温泉旅へ出ることになったのだ。

別所温泉

信州で最も古い歴史をもつ温泉の一つ。日本武尊が7か所に温泉を開き「七苦離の温泉」と名付けたという伝説から「七久里の湯」とも呼ばれる。

「臨泉楼　柏屋別荘」

住 上田市別所温泉1640

小谷温泉奥の湯・雨飾高原森の露天風呂

標高900m、ブナ原生林のなかの野趣あふれる森の中の露天風呂。源泉かけ流しで誰でも寸志で利用可能。

住 長野県北安曇郡小谷村中土雨飾高原

「温泉俳優」の誕生!!

熊本県阿蘇郡南小国町「黒川温泉」
大分県由布市「湯平温泉」
熊本県阿蘇郡南小国町「満願寺温泉 川湯」
大分県別府市「別府上人ヶ浜温泉」

♨一生忘れられない九州の思い出

旅というのはどれも忘れ難い。でも特にどうしても忘れられない、記憶に刻み込まれる旅というのがある。2013年冬、九州横断の旅がそれだ。

僕はこの旅であまりにも強烈な温泉に出会った。僕の温泉に対するイメージや価値観みたいなものを根底から覆すような温泉だ。

そしてテレビカメラが回っていないところで密かに涙した、人とのふれあいがあった。

温泉、そして人とのふれあい。僕の旅のスタイルは、この二つの要素で出来ているといっても過言ではない。その原型となった九州の思い出、一生忘れられない旅の思い出を振り返ろうと思う。

旅のスタートは熊本駅前。バスに乗り込むと、車窓を冷たい冬の雨が叩いていた。見知らぬ町の景色を楽しむことは出来ないが、雨もまた一興だ。雨でしか経験できないこともあるし、バスを降りれば雨ならではの風景もあるだろう。そんな旅も悪くはない。しっとりした旅……にはならなかった。

「龍さん！　龍さん！」

途中の停留所である『阿蘇くまもと空港』で、天候とは正反対に暑苦しい男、俳優の照英君が乗り込んできたのだ。水戸黄門で共演して以来、年上の僕を慕ってくれている。

というわけで、照英君との男二人旅。相変わらずのハイテンションに、もう雨なんか関係なくなってしまった。

阿蘇駅前で下車し、案内所で、地元のお薦めスポットを聞いた。阿蘇市環状線バスに乗り換え、僕たちは阿蘇神社に向かった。

初代神武天皇の孫、健磐龍命《たけいわたつのみこと》をはじめ十二神を祀る由緒ある神社だ。全国的にも珍しい参道が神社に並行する横参道。そびえ立つ楼門は日本三大楼門の一つとされていて、すごい迫力だった。

門前町は「湧水の里」と呼ばれ、町中至る所にこんこんと水が湧き出している。お土産屋さん（旧緒方屋）で、この阿蘇山からの恵みである湧き水を使った、水出しコーヒーを淹れていただいた。湧き水を手間暇かけた水出しでいただくんだから、美味しくないわけがない。コーヒーが大好きな僕にとってはたまらなく贅沢な一杯だった。食後のコーヒーならぬ食前コーヒー。この後僕たちは食べ道楽に走る。赤牛料理『はなびし』で牛カツ丼に舌鼓を打ち、洋菓子店『たのや』で一口サイズのシュークリームに飽き足らず、ソフトクリームまで食べた。

シュークリームは阿蘇の湧き水が使われているし、カツ丼は阿蘇の赤牛だ。その土地の良さを生かした料理を食べる。これぞ旅の醍醐味だろう。

腹が満たされれば、お湯が恋しくなる。長野の雨飾高原の露天風呂で温泉愛に目覚めていた僕は、旅路に温泉は必須になっていた。

一度阿蘇駅前に戻り、別府交通センター行の産交バスに乗り込んだ。目指すは南小国町の黒川温泉。標高700メートルの山間にある温泉地だ。今や全国屈指の人気温泉地として有名で、温泉愛に目覚めたばかりの僕のようなビギナーにとっては、温泉の何たるかを教えてくれそうな気がした。

田の原川の渓谷に沿って、24軒の和風旅館が建ち並ぶ。『街全体が一つの宿　通りは廊下　旅館は客室』というのが、黒川温泉のキャッチフレーズらしいのだが、本当にその通り。すべての建物が黒塀と土壁で統一されていて、ひとつの集落が形成されているようだ。素晴らしい。

はやる気持ちを抑えて、まずは黒川温泉旅館事務所『風の舎』に行って、一枚1200円の入湯手形を買い求めた。この手形があれば24軒の旅館の露天風呂の中から自由に3つ入ることが出来るのだ。

テンションが上がった僕らは、木製の手形を首からぶら下げて、早速繰り出した。しかし、最初に飛び込んだのは手形の関係ない100円で入れる共同風呂だった。目に飛び込んできた温泉、いや目が合ってしまった温泉には入らなければならない。

「ぬるぬるしてますねぇ。これは鉄分のせいかな」

照英君が言っていたが、そんなことはどうでもいい。幸運にも貸し切り状態で露天風呂を独占できたし、冬の雨で冷えた体を温めてくれて、すごく気持ち良かった。

ここから入湯ラッシュが始まる。次は黒川温泉の中でも最大の露天風呂『やまびこ旅館』の『仙人風呂』へ。少しぬるめだから、ずっと入っていられる。肌触りも良く、なんとも癒しの深い湯だ。

立て続けの三湯目は『旅館こうの湯』の『森の湯』。

「泉質がちがうのかなぁ？」

照英君がしみじみ呟く。泉質は全然気にしない僕だが、確かに二湯目までとは、また違う感触なのだ。後から知ったことだが、実は黒川温泉には国内にある9種類の泉質のうち、なんと6種類が揃っているという。泉質や効能に興味はないが、肌を包み込む感触の違いは面白かった。黒川温泉に行かれる機会があったら、〝湯比べ〟をしてみるのは楽しいと思う。

三湯を満喫し、その日の宿は『旅館山河』に決めた。これからの僕の旅の羅針盤となる『日本秘湯を守る会』の会員宿だ。黒川温泉の中心地から2キロほど離れていて、コナラの樹々の中にひっそり佇んでいる。沢のせせらぎがＢＧＭとなっている、隠れ家的な宿だ。

春の到来を告げる菜の花の辛子味噌和え、湯葉、熊本といえば馬刺し、僕が大好きな山女魚の塩焼き、地鶏鍋とそのあとの雑炊……もう絶品だ。

『旅館山河』はもちろん、黒川温泉がなぜこれほど人気があるのかが分かった。温泉ビギナーから玄人まで満足させる抜群の安定感。充実した旅の初日が更けていった。

♨ 偶然見つけた、衝撃的な露天風呂

翌朝。『もやいの湯』で朝風呂を堪能し『旅館山河』を後にした。旅二日目。この日は照英君と別行

動をとることにした。それぞれ行きたい場所を訪ね、三日目に湯布院で落ち合う約束だ。

照英君はすぐにバスで大分県・日田へ向かったが、僕のほうは40分も待たなくてはならなかった。ボーっと待っていても仕方がない。周囲を散策してみようと、ふらふら歩きだした。

「何か面白いところ、ありますか？」

畑仕事を終えた地元の方に尋ねてみた。

「この先に温泉があるよ」

じゃあ、停留所ひとつ分歩いてみようか。歩いて10分ほどすると、田の原温泉という小さな温泉町に辿り着いた。田圃があって、畑があって、古い小さなお寺があって、川が流れていて。『男はつらいよ　寅次郎わが道をゆく』（昭和53年8月公開　第21作目）のロケ地にもなった、のどかな町並み。

僕は東京生まれの東京育ち。こういう美しい田舎の風景はこの歳になっても新鮮だし、本当に癒されるのだ。僕はこの町並みに惹かれ、のちに再訪するほど気に入った。

さて、バスに乗ろう。といって黒川温泉の停留所へ引き返すのもなんだし、次の停留所まで歩くことにした。どうせなら町並みを楽しみたいと思ったのだ。

僕は再び歩きだしたのだが、実はこの時、足を痛めていて辛かった。Vシネマの撮影で肉離れを起こし、やっと治りかけたくらいだったのだ。でも天気も良くて、気持ちが良かった。素朴な景色に癒され、怪我明けにも関わらず歩けてしまったのだ。

黒川温泉から5キロ、田ノ原温泉の町並みを経て40分以上ほど歩き、やっと『満願寺入口』というバス停に着いた。ここから別府駅前本町行きの九州横断バスに乗り、大分を目指すのだ。ところが次の発車時刻まで30分もある。近くに温泉があればひとっ風呂浴びたい。ここ満願寺もまた、北条氏ゆかりの温泉地なのだ。僕はまたフラフラと歩き始めた。

30分の待ち時間に温泉に入ろう、という発想。思えば僕は、この頃すでに温泉ジャンキーになっていたのかもしれない。

「このあたりに温泉はありますか?」

地元の方に尋ねると、思わぬ答えが返ってきた。

「川の中に温泉がありますよ」

川の中?？？ どういうことだ? のちになって知ったが、〝川湯〟というのは日本全国にたくさんある。川の中から湯が湧き出していて、せせらぎを聞きながら入れる自然豊かなところが多い。ところが僕が辿り着いた川湯は……。

「なんだこれは……!? これが温泉!?」

そこは僕が想像していた温泉とはまるで違っていたのだ。

山あいの集落を流れる志津川(満願寺川)から湧き出す共同露天風呂。コンクリート製の浴槽が川面とほぼ同じ高さにある。そこまではいい。問題はここからだ。川沿いに県道40号があり、普通に人や車の往来がある。道沿いに民家も立ち並んでいる。この県道と湯船を隔てるのはガードレールのみ。つまり、道を歩く人々からも、車からも、民家からも、浴槽が丸見えなのだ。

女性はもちろん、男性でも尻込みするかもしれない。普通に生活をしている町の人々から丸見えの湯船に、真昼間から入ることは。あとで知ったのだが、ここは温泉マニアの間では「日本一恥ずかしい露天風呂」と呼ばれているらしい。そしてここもまた山田洋次監督がたびたび訪れた場所なのだが、決して寅さんのロケでは使わなかったという伝説も残っているらしい。

特に脱衣所もないのだが、僕はささっと脱いですっぽんぽんになった。入れるもんなら入ってみなさい。湯船が僕にそう語りかけてきている気がして、思わず一礼してから入湯した。

肩まで浸かり、僕は改めて周囲を見渡した。2メートルほど高いところに県道がある。車や人や行き交い、目の前で洗車しているおじいさんがいる。県道と湯船の間にはガードレールがあるのだが、湯船から県道を見上げると、ちょうどガードレールが目隠しのようになっている。しかし、県道から温泉を見下ろす場合は、ガードレールの上から見下ろすわけだから、全然目隠しにはなっていない。裸の人間からは見えなくて、裸じゃない人間からは丸見え。逆じゃないか。僕はもう面白くて仕方なかった。

湯船のすぐ隣にはもうひとつ小さな浴槽があり、そこは地元のおばあちゃんたちが野菜や食器を洗ったりする生活用水のスペースらしい。

地元の方々にとっては、この川湯は当たり前の景色なんだろう。しかし旅人にとっては夢に出てくるような衝撃的な光景なのだ。この〝温度差〟というのがまた面白い。

「いやー、これはいい。これはいい」

何度も呟いていると、川湯の目の前にある『旅館　静泉荘』のおばあさんがやってきた。佐藤エツ子さん（当時86歳）。色紙を手にしている。

道行く人からは丸見え。ここが「温泉俳優」を名乗るきっかけとなった

「サインしてよ」

ニコニコしていてかわいらしいおばあさんなのだ。

（え？　ここで？　裸なんだけどなぁ）

もちろん迷惑になんか微塵も思っていない。面白かったのだ。湯に浸かりながらサインしたのは生まれて初めての経験だった。僕が色紙を渡すと、

「内湯も気持ちいいよ」

と、ご自分の旅館の内湯を薦めてくださった。旅館は目の前だ。少しの距離のためにわざわざ服を着るのも面倒だったから、僕は前だけ隠してお尻丸出しで走った。おばあさんの後をついて、素っ裸で石段を登り、素っ裸で川沿いを駆けた。遮るものは何もない。県道からは丸見えだ。おばあさんの後を素っ裸の男が追いかけているのだから、ここが露天風呂じゃなかったら、公然わいせつ罪だろう。

僕は楽しくて仕方なかった。なぜ僕はおばあちゃんの後を裸で追いかけているのか。自分を俯瞰で見ると、面白くて仕方なかったのだ。

キャッキャと騒ぎながら玄関をくぐり、内湯へ飛び込んだ。

「気持ちいい……」

思わず声が出た。2月。九州とはいえまだまだ寒く、川湯は源泉が足元から湧いてはいるものの、少

しぬるかったのだ。内湯は冷えた体を温めるのに最適な温度だった。

道草して偶然見つけた、衝撃的な露天風呂。これだから旅は面白い。あぁ、僕はまだ日本のことを、温泉のことを何も知らない……世の中にはこんな温泉もあるのか……。僕はしみじみと思った。そして僕の心の中で何かが弾けた。


あー。もう俺、温泉俳優になってもいい！　今日からオレ、温泉俳優だ！


思わず叫んでいた。

まだ見ぬものすごい温泉に出会いたい……満願寺温泉の川湯は、僕の温泉観を根底から覆し、僕の〝温泉道〟の入口になったのだった。

♨ 15年ぶりの友との再会

川湯を後にし、興奮冷めやらぬ状態で満願寺入口のバス停に戻ってきた。湯布院駅前バスセンター行きのバスを待つ間、僕は15年前のことを思い出していた。

これから向かう湯布院の奥に、湯平《ゆのひら》という温泉地がある。というのがある、と書いたのは、残念ながら湯平は温泉マニアや温泉好き以外にはあまり知られていないところだからだ。湯布院という日本を代表する超有名温泉地の影に隠れてしまっているのか、知名度は低いと言わざるを得ない。

とはいえ実はこの湯平温泉、湯布院温泉よりも歴史が古い。言い伝えによれば鎌倉時代から始まっているとされており、かつては湯治客が多く訪れたという。戦前は別府温泉に次ぐ入湯客を誇った温泉地だった。戦後、湯布院に人気が取って代わられたわけだが、この地もまた山田洋次監督が訪れているのだ。

『男はつらいよ 花も嵐も寅次郎』（昭和57年12月公開 第31作）でロケ地となった湯平。寅さんが〝湯平荘〟という架空の定宿に訪れている。それにしても、僕の行く先々にはことごとく山田監督の足跡があるものだ。温泉に詳しくない僕がなぜここまで知っているのか。それは15年前にこの知られざる温泉地でドラマ（『すばらしい日々』。妻夫木聡君のデビュー作）のロケをしていたからだ。十日間ほどの滞在だったが、町の人たちには大変お世話になった。特に仲良くさせてもらったのが〝しょうちゃん〟だった。しょうちゃん、元気にしてるかな。近くまで来ている。会いたい。僕はたまらなくなって、奥田ディレクターに尋ねた。

「友達に電話していいですか？」

あり得ないことだ。路線バスで旅をする番組であって、温泉をはじめ、面白そうなスポットを巡る番組であって、旧友に会いに行くという企画ではないのだ。完全なプライベートを番組に持ち込んでしまう僕も僕だが、「いいですよ」という奥田ディレクターもどうなんだろう。まぁ、そんな僕のやりたいことをアポなしで自由にやらせてくれるスタッフだからこそ、僕はカメラを意識せず、旅を楽しませてもらえているのだ。

「お久しぶりです。しょうちゃんいますか？」

僕はしょうちゃんの実家である食堂に電話をかけ、バスに乗り込んだ。湯布院駅前で降り、いざ湯平へ。とここで問題発生。なんと湯布院から湯平へのバスが通っていないのだ。番組の趣旨から逸れるが、やむを得ずＪＲ久大本線で向かった。

湯平駅に着いた。仕事中で不在のしょうちゃんに代わって、お兄さんの菅純一郎さんが駅まで車で迎えに来てくださった。

15年ぶりの湯平。町の中心部には約５００メートルの石畳の小さな坂道が続いている。道幅が狭いため、左右に軒を連ねる宿や食事処に挟まれるような感覚になる。その狭量感が風情があって、旅人の旅情をくすぐる。

遠い昔、夜な夜な歩いた石畳を再び歩く。初めて訪れる町に感激するのも旅なら、再訪に胸が締め付けられるのも、また旅だ。

「懐かしいなぁ。変わってない」

15年前。僕は当時、撮影スタッフたちとホテルに泊まっていたのだが、なんと火事が起きてしまったのだ。困っている僕を家に泊めてくれたのが『嬉し乃食堂』のしょうちゃんこと、菅昭一郎さんだった。

結構空き時間があったので、時間を持て余していた僕は、しょうちゃんといつも一緒にいた。夜な夜な飲み歩き、『旅館　上柳屋』に忍び込んで、こっそり温泉に入ったりした。わずか十日間の滞在だったが、しょうちゃんと過ごす時間がたまらなく楽しかった。

思い出の湯平。15年ぶりに突然訪れたにもかかわらず、町のみなさんが連絡を取り合って、しょうちゃんの家『嬉し乃食堂』まで会いに来てくださった。まるで親戚の家に帰ってきたような温かさ、居心地の良さ。あの頃と変わらない温かさで迎えてくれたみなさんの優しさに、ほろっと来た。

大分市の飲食店で働いているというしょうちゃんも駆けつけてくれた。

15年ぶりのしょうちゃんは、髪が短くなっていた。当時は二人とも独身だったが、お互いに家庭を持った。それぞれの人生の中で時が流れ、そして二人とも元気で再び会うことが出来た。こんなに幸せなことはない。

夕食は、しょうちゃんが腕を振るってくれた。豊後牛のサーロインの炭火焼は絶品だった。最高の素材を大好きな友人が料理してくれたのだ。もう旨すぎた。

夜更けまで、みんなで飲んで食べた。この夜はどこに泊まるかも決まっていなかったが、『旅館　上柳屋』のご主人・古長大一郎さんが「改装したからうちに泊まっていきな」と声を掛けてくださった。しょうちゃんと夜な夜な忍び込み、勝手に温泉を拝借していた宿だ。その日はお言葉に甘えて泊まらせていただいた。


翌朝。別れの時。春間近の大分の空に雪が舞っていた。僕は自分が出演した番組はすべてオンエアでチェックしているのだが、このシーンは観ていて泣いてしまった。バスに乗り込んで手を振る僕。車窓の向こうに小さくなっていくみなさんの姿。ＢＧＭが『なごり雪』だったのだ。

バスに揺られながら、僕は２０２３年に思いを馳せていた。

「十年後、また来るから」

前の晩に交わしたしょうちゃんとの約束だ。

♨温泉と人とのふれあいを求め続ける旅へ

三日目。旅の最終日。日田市を訪れていた照英君と合流した。プレゼントにと名産の下駄を渡してくれたその足で、照英君は仕事の都合で東京へ帰っていった。

というわけで九州横断の最終地点・別府へは、僕が一人で向かうことになった。

別府駅西口行きのバスに乗り込む前に、僕は湯布院駅前で一軒のドーナツ屋さんを訪ねた。昨晩僕を泊めてくれた『旅館　上柳屋』のご主人・古長さんの次女が経営する『nicoドーナツ』というお店だ。15年前。僕はしょうちゃんと深夜に上柳屋へ忍び込んでいたから、次女と顔を合わせていなかった。この日もあえてアポなしで訪れてみたのだが、お父さんと同様、笑顔で迎えてくれた。由布市産の大豆をペーストして作られたドーナツはあっさりしていて美味しかった。

ドーナツ屋さんを後にして、僕は旅の仕上げにバスで別府へ向かった。温泉で締めたかった。海の見える露天風呂がいい。体が温泉を求めていた。

『本坊主』というバス停で降り、そこから40分ほど歩いて『北石垣』というバス停まで来た。地元の方に尋ねると、なんと歩いてすぐのところにあるホテルに、海が見える露天風呂があるという。

歩き疲れていた僕は、言われるがまま『潮騒の宿　晴海』へ向かった。大きくて立派なホテルなのだが、それゆえに正直言って、あまり乗り気ではなかった。僕は隠れ家的な雰囲気や秘湯感漂う温泉が好きなのだ。立派なホテルには、はっきり言ってそそられない。

ところが、これが良かったのだ。目の前に別府湾の絶景が広がる露天風呂。素晴らしい湯だった。思わず、

「勝った！」と叫んでしまうほどだった。

旅の締めにこれ以上ない湯に浸かりながら、僕はこの旅路を振り返っていた。山間の集落のような黒川温泉を堪能し、満願寺温泉の川湯に度肝を抜かれ、湯平で旧友との再会に涙した旅路。温泉と人とのふれあい。僕はこれからもこの二つを求めて、旅を続けていくのだろう。そう確信していた。

黒川温泉

全ての温泉宿で1つの旅館という「黒川温泉一旅館」を掲げ、緑ゆたかな山々に囲まれた「黒川温泉郷」。木を輪切りにした入浴手形を購入すれば、3ヵ所の旅館の風呂を回ることができる。

住 熊本県阿蘇郡南小国町黒川温泉

満願寺温泉　川湯

"日本一恥ずかしい露天風呂"と呼ばれることもある満願寺川の中に湧く温泉。川と同じ高さにコンクリート製の湯船が二つ並んでいる。

住 熊本県阿蘇郡南小国町満願寺温泉内

湯平温泉

立ち寄り湯が可能な共同浴場が5カ所ある。江戸時代から湯治場として栄え、花合野川沿いに沿って伸びる石畳の道と、連なる赤提灯がノスタルジックな雰囲気を醸し出している。

住 大分県由布市湯布院町湯平356-1（「湯平温泉観光案内所」）

別府上人ヶ浜温泉

「潮騒の宿　晴海」

住 大分県別府市上人ヶ浜町6-24

一期一湯

福島県耶麻郡北塩原「大塩裏磐梯温泉」温泉

福島県耶麻郡猪苗代町「沼尻温泉」

♨〝蔵のまち〟喜多方を探索

葉っぱで前だけを隠して入った長野・雨飾高原の森の露天風呂。〝日本一恥ずかしい露天風呂〟と呼ばれる、公道から丸見えの熊本・満願寺温泉の川湯。

強烈な体験が続き、すっかり温泉愛に目覚めてしまった僕が次に訪れたのは福島県。旅のスタート地点はＪＲ会津若松駅前だ。それほど詳しくはないが、僕は歴史が好きだ。だからかつて新選組や白虎隊が激戦を繰り広げた会津は、いつか必ず訪れたいと思っていた。

まちなか周遊バス『あかべぇ』に揺られて、わずか15分。到着したのは〝会津の奥座敷〟と呼ばれる東山温泉。新撰組鬼の副長、土方歳三が傷を癒したとされる歴史ある温泉郷までやってきたのはいいのだが、いかんせん時間が早すぎた。朝8時じゃ宿はどこも開いていない。近くに足湯を見つけたのだが、かえって湯に浸かれないというストレスが溜まってしまった。

気を取り直してバスに乗り、喜多方を目指す。温泉がお預けなら腹ごしらえするしかない。

ＪＲ喜多方駅前で降り、早速地元の方々に聞き込みを開始した。喜多方といえば食べたいものはひとつしか浮かばない。

「喜多方ラーメンの美味しい店、どこでしょうか？」

地元の人のお薦めには素直に従ったほうがいい。若いご夫婦が営む『香福』というお店にお邪魔したのだが、やはり間違いなかった。35歳の店主が誰もが知る喜多方ラーメンの老舗で18年間修業し、満を持して出店。お肉ラーメン（７５０円）はその名の通り、麺が見えないほどチャーシューで埋め尽くされていて、これが旨かった。透き通るような醤油ベースのスープと縮れた太麺が喜多方ラーメンの特長なのだが、ここのラーメンはあっさりしていて何杯でもいけてしまう味付けだった。

食後はのんびり国道４５９号沿いを散歩した。左右に立派な蔵がずらりと続いている。喜多方は〝蔵のまち〟としても有名だ。古くから味噌や醤油、酒造りで栄え、地元には「四十代で蔵を建てられないのは男の恥」なんて言葉まで言い伝えられている。

僕は雨男なのだが、この日は珍しく晴れた。ぶらぶら歩いていると「トントントントン」と小気味良い音が耳に届いた。気になって音の方向へ近づいていくと、一軒の板金屋さんがあった。御年90歳にして現役、板金職人の三代目、大島和夫さんが銅版を叩く音だった。

喜多方の町は明治13年に大火に襲われている。その時、焼失を免れたのが銅板葺の蔵だったという。そんな歴史と伝統と匠の技を受け継ぎ、卒寿にして現役の大島さん。僕もこんなかっこいい男になれるだろうか。職人のいいお姿を拝ませていただいた。

そうこうしているうちに日も暮れ始め、そろそろ今宵の宿探しをしないとまずい時間になった。熊本・満願寺温泉の川湯で温泉愛が弾け、〝温泉俳優〟を自称するようになった僕にとって、旅先での宿探しは、温泉探しとイコールになっていた。

いろいろあった一日の最後に、心地よい疲労感と汗を流す。でなきゃ一日が終わらない――。もう温泉なしでは旅できない体になってしまったようだ。

情報を求め、会津タクシー喜多方営業所にお邪魔した。

「おさらぎの宿なんかいいと思いますよ」

お薦めの宿までのバスはなく、徒歩だと数時間も掛かってしまうという。とりあえず宿に電話をかけてみたのだが、ここから予想外の展開となった。

♨生涯忘れられない宿となった『おさらぎの宿』

あいにく宿はお休みで、湯も抜かれており、食事もない。しかし格安で素泊まりさせてくれるという。通常二万二千円するところを、六千円にしてくれるというのだ。

とはいえ、食事もさることながら温泉に入れない宿。いつもの僕ならパスするところなんだが、この宿に泊まろうと即決した。電話の主の声にピンと来たのだ。この人はきっとおもしろい、この人に会ってみたい。泊まりたい、ではなく電話の向こうの人に会ってみたくなったのだ。

電話の主であり宿主である遠藤さんとは『蔵屋敷 あづまさ』というお店で待ち合わせることになった。宿が休みで食事が出ないため、その店で食事をし、その後遠藤さんの運転で宿へ連れて行ってくれるという。

指定された店に着き、入ろうとした瞬間、背後で車のエンジン音がした。赤い灯油ポリタンクをいくつも荷台に積んだ、一台のトラック。僕は思わず、「勝った！」と呟いた。何が勝ったのか。これは自分の勘が当たった、という意味だ。遠藤さんの運転するトラックは、晴れているのにワイパーが動いていたのだ。おもしろい人に違いない、という勘が当たった。

聞けば待ち合わせのお店『蔵屋敷 あづまさ』も遠藤さんが経営しているそうで、食事の予約を取ってくださっていたのだった。

「ぜひ味わって」と遠藤さんが薦めてくれたのが会津の郷土料理、田楽。甘味噌のかかった椎茸、ししとう、厚揚げ、鰊をいただく。旨い旨い。やはりその土地に来たら、その土地の名物は食さねば。そして僕が頼んだのが天ざる蕎麦だ。僕は蕎麦に目がない。東京生まれ東京育ち。江戸っ子の遺伝子だろうか。迷ったら蕎麦。迷わなくても蕎麦。毎日食べても飽きない。しかも福島は蕎麦の収穫量が全国2位という名産地だという。食べないわけにはいかない。

地元の蕎麦粉100％の十割。表面がザラついた石臼製粉だ。もう風味が違う。冷水で締められた細い麺はのど越しも抜群。この二、三年で一番うまい蕎麦だった。

田楽と蕎麦に舌鼓を打ちながら、改めて店内を見渡してみる。実に趣のある店内なのだが、そもそもは福島一といわれた米問屋の屋敷を買い取ったらしい。

「喜多方ラーメンを盛り上げたのは俺だよ」という遠藤さん。何者なんだ!? 聞けば喜多方の地場産業である漆器を手がける漆職人の三代目だそう。数十年前から喜多方の観光にも力を入れており、蔵の街をアピールしようと街中に馬車を走らせたところ、これが話題を呼んで観光の目玉になった。それ以降、蔵の保存に力を入れ、いくつも買い取ってきたらしい。睨んだ通り。電話で話した感じが普通じゃなかった。やっぱり掘れば掘るほど面白い人だった。

大満足の食事を済ませると、遠藤さんの提案で町の日帰り温泉に連れて行ってもらった。あいにくバスタオルひとつしかなかったのだが、お互いに譲り合い、背中を流し合って、すっかり仲良くなった。

そして遠藤さんの運転で『おさらぎの宿』に向かった。美味しいご飯を食べて、仲良く風呂に入って、何より遠藤さんという面白い方に出会えて、もう充分だった。素泊まりでも何でもいい。屋根があればいい。本当にそう思っていた。ところが、宿に着いて度肝を抜かれた。

日本庭園に囲まれた立派な合掌造りの建物。玄関をくぐると、漆塗りの高い天井、そして骨董品に溢れたロビー。覗かせてもらった広大な特別室もやはり漆塗りの美しい天井と、遠藤さんが特に気に入っている骨董品の数々に彩られていた。言葉を失うような迫力だった。

喜多方の文化を守りたい――。町づくりを進めていくため、蔵を保存しようと次々と買い取っていった遠藤さん。買い取った蔵の中に眠っていたお宝が集まり、宿に大集結したということらしい。口コミで噂が広がり、遠方からの客も絶えないという。

読者の皆様にも、ぜひこの宿に一度は泊まってほしい。心からそう思うのだが、残念ながらその後、宿は休業してしまった。娘さんに任せようと思っていたらしいが、膨大な量の骨董品の保存などが大変で、運営が難しくなったという。実に惜しい。もう一度宿泊することは叶わないが、遠藤さんとの交流は今現在も続いている。時折地元の美味しい野菜を送ってくださるのだ。

温泉も入らず、夕食も出ず、素泊まりだったにも関わらず、生涯忘れられない宿になった。何より遠藤さんとの出会いが、掛け替えのない思い出だ。

♨塩分たっぷり含んだしょっぱい温泉

翌朝、遠藤さんが喜多方駅まで送ってくださった。再会を誓い、お別れをした後、僕は猛烈なモチベーションの低下を感じた。

遠藤さんとの時間が面白過ぎて、もうなんだか今回の旅をやり終えてしまった感があったのだ。しかし裏磐梯方面行きのバスが到着し、車体の電光掲示に『大塩裏磐梯温泉』の文字を見つけた時、沸々と旅情が復活してきた。

「俺としたことが大切な任務を忘れていた！」

そう。温泉だ。温泉俳優を自分で勝手に拝命した以上、温泉に入らずして旅を終えることは出来ない。

バスに揺られること45分、北塩原村の大塩裏磐梯温泉で降車した。会津藩と米澤藩の湯治場として栄えた歴史ある温泉郷だ。

福島の旅、初入湯は日本秘湯を守る会の『米澤屋』。三角形のヒノキ造りの浴槽。

あぁ、気持ちいい——。

顔を洗うと、舌先でしょっぱさを感じる。かなりしょっぱい。宿主の説明によると、地層に閉じ込められた太古の海水成分が溶け出して源泉になったという。海水の3分の1程度の塩分を含んでいるため、しょっぱいわけだ。大〝塩〟裏磐梯温泉。地名は語る。

旅はその後も〝塩〟三昧だった。宿から坂道を15分ほど登ったところにあったのは『会津山塩企業組合』という塩の工房。北塩原村は内陸で海水が手に入りにくいため、室町時代から山塩を精製していた歴史がある。工房では、温泉を薪で炊いた釜に入れて山塩を作る工程を見せていただいた。

しょっぱい温泉に入り、塩の工房を見学し、お腹が減ったので塩ラーメンを食べに。『会津米沢街道桧原歴史館』に併設された山塩ラーメンの店『Ｓｉｏ－Ｙａ』。

今まで食べてきた塩ラーメンは、ライバルである醤油ラーメンと小競り合いを繰り広げ、やや分が悪かった気がする。しかしここの塩ラーメンは、醤油ラーメンのことなど無視。我が道を行くといった味わいだ。うまく表現できない。気になる方は実際に確かめていただきたい。

名産物の歴史や伝統に触れ、ご当地グルメを味わって腹も満たされた。一泊二日の福島の旅、締めはもちろん温泉しかあるまい。

脱衣所にて心変わり。導かれ湯へ

山塩の里・北塩原村から一路、猪苗代町へ。田園風景の中、立ち寄り湯と書かれたのぼりが風に揺れていた。

『湯郷　布森山』にお邪魔し、撮影の許可もいただいて脱衣所へ。ロッカーを確保し、Tシャツに手を掛ける。こんな時、先客がいれば〝脱ぎニケーション〟は不可欠だ。湯上りのおじさんに声を掛けた。

「こちらのお湯はいいですか？」

「こっちもいいけど、この上の沼尻温泉はもっといいよぉ」

「えっ⁉」

僕は脱ぎかけていた手を止めた。

「シチュエーションも昔ながらで…オススメだねぇ」

旅というのは人の性格が出る。浮き彫りになる。旅は、そして温泉は、人を丸裸にするものだ。僕は猪突猛進型で思い込んだら周りが見えなくなってしまう。次の瞬間、口走っていた。

「連れてってもらっていいですか？」

あろうことか僕は目の前の温泉に入らず、別の温泉に行こうとしたのだ。しかも撮影のお願いまでしておいて。これじゃあまるで、女性とそういう場面になってパンツを脱ぎかけているにも関わらず、遠くに別の女性を発見してパンツを履き直して去ってしまうような……もうパンツを脱ぎかけているのだから、それはそれとして、その後にお目当ての女性のもとへ行けばいいものを……。

結局僕は本当にそこを出て、教えてくれたおじさんに甘え、沼尻温泉まで車で送っていただいた。

到着したのはスキー場に併設された『沼尻高原ロッジ』。二湯目にして、この旅を締めくくる温泉だ。

僕は番組スタッフが作ってくれたタオルを颯爽と腰にあてがい、湯船に向かった。

『温泉俳優♨原田龍二』

見渡す限りの木立。大自然の中でいただく。

「痛ぇ！　痛い！　痛い！」

肌がピリピリするのだ。僕は泉質に興味がないから後で知らされたのだが、ここの湯は日本でもトップクラスの強烈な酸性湯らしい。が、白濁湯にしばらく身を浸していると徐々に慣れてきて、やがて気持ちいい時間が訪れた。

僕は最終湯に浸りながら、今回の旅を振り返った。ＪＲ会津若松駅前からバスに乗り込んだ時、僕はくしくもこんなことをカメラに向かって呟いていた。

「旅って結局、人との出会いによって導かれていく部分がある……どんな人に出会えるか楽しみ……」

この旅は、今も交流が続く遠藤さんとの出会いをもたらしてくれた。たとえ宿が休業しても、人との繋がりは消えない。

しみじみ思うのだ。僕は単に湯に浸かっているだけではないのだ、と。出会った方々すべてが点と点で、それが一本の線に繋がって温泉に繋がっているのだと。僕は導かれているのだと。

ひとつの旅が終わる。僕は次なる出会いを求め、温泉を求めて、また旅に出るのだ。

大塩裏磐梯温泉

裏磐梯高原と喜多方の中間に位置する山あいの閑静な温泉地。別名「塩姫の湯」と呼ばれ、塩分を多く含んだお湯が特徴。

「米澤屋」

住 耶麻郡北塩原村大塩4447

沼尻温泉

安達太良山西麓に位置する、湧出量毎分1万リットルという日本有数の温泉。広大な自然に抱かれ、湯治宿、ロッジなど多様な宿が散在する。

「沼尻高原ロッジ」

住 耶麻郡猪苗代町大字蚕養字沼尻2864

原風景に出会う旅

秋田県湯沢市「大湯温泉」
秋田県仙北市「乳頭温泉」
秋田県仙北市「玉川温泉」
岩手県八幡平市「藤七温泉」

♨焼きそば&うどんの麺旅

上野発の夜行列車で青森へ行った時代から時は流れた。2013年3月、秋田新幹線の新型車両・スーパーこまち（現こまち）が誕生。東京から秋田まで最短で3時間45分でアクセスし、東北がまたぐっと近くなった。

というわけで運行開始から半年後の2013年9月、僕はスーパーこまちに乗って、4時間後には秋田駅前にいた。9月といえば東京ではまだまだ残暑が厳しい折だが、雨の秋田は半袖だと若干肌寒いくらいだった。今回の旅ももちろん、温泉は欠かせない。秋田県内では温泉地は内陸に集中しているというから、高速バスに乗ってまずは横手市を目指した。

横手と聞けば真っ先に思い浮かぶのが『横手焼きそば』だ。横手駅前に着いて観光案内所へ行くと、でかでかとポスターが貼られていた。2009年度の『B-1グランプリ』で優勝して以来、地元では46もの店舗が鍋を削っているらしい。旅のスタートの腹ごしらえに、絶対に食べておきたいところだ。

しかし、それだけ数があるとどの店で食べたらいいのか自分では決められない。案内所の方に歴史の古い店、という聞き方をしてみた。

駅から歩いてすぐ。教えてもらった『ふじわら』はまだ開店前だった。30分も時間を潰さなくてはならないため、他に行こうかとも思ったが初志貫徹。探し回っている間に時間が経ってしまいそうだし、飾らない古く質素な店構えがいい。

開店と同時にのれんをくぐると、昔ながらの食堂といった店内。創業52年の味をいただく。薄めのソース色に染まった茹で麺の上に半熟の目玉焼きがのっている。箸を突き立て、麺に卵を絡ませる。美味い。想像以上にマイルドだ。優しい味わい。この店で間違いなかった気がする。

腹ごしらえが済んだら温泉探しだ。横手駅前に戻り、観光案内所で「よりワイルドな」温泉を尋ねる。ここまで読んでくださった方にはもうバレているだろうが、僕はもう普通の温泉では満足できなくなってしまっていた。内湯ではなく露天。しかも大自然や地球の恵みをより感じられる、より原始的な、よりダイナミックな温泉に入りたくて仕方がなくなっていたのだ。

お薦めされた湯沢市の小安峡温泉へ向かうためには、稲庭で乗り換えが必要だった。稲庭。これまた食欲を刺激する名前だ。車窓の向こうに〝うどん〟の三文字が頻繁に現れる。さっき食べたばかりなのに腹が鳴った。焼きそばは食事。うどんはおやつにしよう。

稲庭で降りると、乗り換えのバスは7分後。しかし僕の頭の中はもう稲庭うどんでいっぱいになっていたから一本見送ることにした。焼きそばと同じく、誰かにお薦めの店を聞きたい。しかし雨の田園風景の中では、行き交う人に出会えなかった。仕方がない。僕は郵便局に飛び込んだ。

「たくさん作っていますけど、食べられるところは限られています」

稲庭うどんを作っている会社が18社もあるらしいのだが、食べられるのは『佐藤養助　総本店』のみだという。だったらここへ行くしかないわけだが、この店は数々の品評会で多くの賞を受賞している老舗らしい。江戸後期に開業し、稲庭うどんの元祖ともいわれている。だったらもう間違いない。

お店の方のお薦めでいただいたのは、醤油つゆと胡麻だれで二倍楽しめる定番の『二味せいろ』。細くつやつやした麺が美しく盛り付けられている。まずは醤油つゆで勢いよくいただく。美味い。なんと繊細な味か。まるで〝食べられる作品〟のようだ。香ばしい胡麻だれも甲乙つけがたい美味しさ。

食後に店の奥にある工場を見学させていただいたのだが、熟練の職人たちがすべての工程を手作業で行っていた。繊細な味がした理由がわかった。

横手で焼きそばを食べ、稲庭でうどんを食べ。もう腹ごしらえは十分すぎる。さて、いよいよ温泉だ。

♨なんとも形容しがたい、お湯へ向かう気持ち

稲庭からバスに揺られること30分。いよいよ小安峡温泉に着いた。雨上がりの空に温泉への期待も高まる。お薦めの温泉と今夜の宿探しだ。総合案内所で薦められたのは日本秘湯の会・会員の『奥小安・大湯温泉　阿部旅館』。川そのものが温泉になっているという。僕は「川」と「湯」というキーワードに条件反射した。熊本・満願寺温泉の川湯。僕の温泉観を根底からひっくり返した衝撃的な露天風呂の

ことが、真っ先に思い出されたのだ。胸の高鳴りが抑えられない。もう阿部旅館以外、考えられない。僕は早速、宿に電話を掛けた。

「もしもし、今日はお部屋空いてますか？」

満室という答えに、膝から崩れ落ちそうになった。人気の宿を当日予約というのが虫が良すぎるのだが、がっくりきた。宿泊は潔く諦めるしかない。せめて川湯だけでも入りたい。僕は阿部旅館に向けて歩き始めた。山間に佇む一軒宿。僕の大好きな佇まいが見えてきた。エントランスもいい。奇をてらわず、古く、そして清潔感がある。聞けば開湯は1810年頃と200年以上の歴史をもつ温泉郷。期待は高まるばかりだ。

「雨で川の流れが激しくなっているので……」

なんということだ。唯一の望みだった川湯に入れない……落胆した僕を「露天風呂でしたら大丈夫です」という宿主の言葉が救ってくれた。

川湯にフラれた傷心はすぐに消えた。露天風呂へと向かうアプローチが実に素晴らしいのだ。

緩やかな下りの渡り廊下。すれ違うのがやっとの道幅。歴史を物語る左右の黒塀。行き先を案内するように低い天井からぶら下がる電球。なんとも気分を高揚させる造りだ。それにしてもお湯へ向かう気持ちというのは形容しがたい。他に似た感情がない。強いて言えば「待ってくれている」という感じ。地球の恵みに抱かれにいく、という感じだろうか。

魅惑の渡り廊下を抜け、露天風呂に出た。目前に山肌が迫り、眼下には川が流れている。もどかしいかけ湯を済ませ、いざ入湯。

これはいい……これはいい……たまんない……たまんない

秋田の旅・一湯目がここで良かった。そして思わず呟いた。

「温泉俳優やっててよかった……」

最高の一湯目をいただき、しかも運よくキャンセルがあり、宿泊できることになった。

夕食は秋田の旬尽くし。山菜が楽しめる「かご盛り」をはじめ地元の食材を使った郷土料理が並んだ。野菜を楽しんだ後の肉も格別だった。湯沢市皆瀬の〝皆瀬牛〟は地元酪農家でしか育てられていない希少な肉。この特産黒毛和牛のステーキが美味かった。しつこくないから、ガツガツ食べてしまった。

いい湯に入り、おいしい料理を食べ、そして熟睡。こんなに幸せでいいんだろうか。

♨道草こそ旅の醍醐味

旅二日目の朝。この日は阿部さんに薦められた乳頭温泉へ向かう。秋田内陸の温泉を巡るバス旅は、正直言ってアクセスが良くない。温泉地から温泉地をつなぐ路線が乏しいため、一度横手へ戻ってから乗り継いでいかなければならない。が、これでいいのだ。目的地へ速くストレートに向かう乗り物は、新幹線と飛行機だけでいい。あちこち寄り道しながら、最終的にお目当ての場所に辿り着けばいいのだ。それこそが旅だと思う。

横手バスターミナルへ戻り、バスを乗り換え、六郷で降りた。秋田県内でも有数の米処だ。また『名水百選』や『水の郷百選』などに認定される東北屈指の〝水の町〟でもある。町の至る所に奥羽山脈の伏脈水が巡っていて、清水が湧いているのだ。

『ハタチや酒店』という酒屋さんの敷地内に湧き出ている『ハタチや清水』、『藤清水』『キャペコ清水』『馬洗い清水』などなど言い伝えや形状から名付けられた清水が点在しているのだ。かつて佐竹藩が炊事に利用していたことに由来する『御台所清水』は、大きくて立派だった。今でも近所の方が野菜を洗うなど、美しく澄んだ水を存分に活用しているようだ。

山芋を洗っていた畠山ちづ子さんも、清水のほとりに住んでいる方の一人。普段から野菜を洗っては漬物を作っていらっしゃると聞き、僕は図々しくもご飯と漬物をねだってしまった。ご飯が炊けるまでの30分ほど近隣を散歩。戻ってくると、炊きたてのあきたこまちに、漬物、ジュンサイの味噌汁までいただいてしまった。

『ニテコ清水』がもたらすのは『仁手古サイダー』だ。明治35年から続く名物サイダーなのだが、実は僕には馴染みがあるのだ。定期的に送ってくれる知り合いがいて、大好きなサイダーだ。ルーツを知って、より好きになった。

水の町・六郷を堪能した後、バスに揺られること40分。〝みちのくの小京都〟と呼ばれる角館に着いた。ここでバスを乗り換え、田沢湖、そして乳頭温泉を目指す。まだ時間が早いため、急ぐ必要はない。例によって道草だ。

僕は武家屋敷を素通りし、裏道へ出た。テレビ番組的にはあり得ない行動だろう。角館といえば武家屋敷。観光の目玉を無視してしまうなんて。しかし僕は旅行雑誌に掲載されているような、誰もが知っているような観光スポットには興味がない。観光ではなく、旅が好きなのだ。

計画性があるゆえに効率が良く、トラブルやハプニングも起こりにくく、不安が少なく、快適なものが観光。無計画ゆえに効率が悪く、トラブルやハプニングも起こり、だから楽しいのが旅。家族旅行で一家を連れていくなら、観光がいいだろう。一人でするなら断然、旅だろう。

観光は必然的なことの連続で、旅は偶然の連続だ、と言いかえることもできる。あらかじめ調べておいた、間違いなく素晴らしい目的地に行くのが観光。「やっぱり良かった」となる。下調べなし。偶然出会った人に教えてもらった、知らない場所へ行ってみる。「楽しかった」かもしれないし「たいしたことなかった」かもしれない。それが旅だ。

どちらにもメリット、デメリットがある。どちらも使い分ければいい。でも僕は断然、旅が好きだ。

観光スポットを離れ、フラフラしている旅人に声を掛けてくれたのは地元の小学生だった。下校途中の小学6年生の女の子が3人。そのうちの弟らしい子が1人。

「なんでこんな田舎に来たの?」

「武家屋敷くらいしかないよ」

小学生のストレートな物言いが好きだ。楽しくなってしまって、僕はカメラが回っているにも関わらず口走ってしまった。

「おじさん、暇なんだよ」

今思い返せば、一体何を言ってるんだか。が、この後小学生たちは〝暇なおじさん〟を思わぬ場所へ連れて行ってくれた。一人の女の子が「家に連れて行ってあげる」と言って、飼っている二匹のプードルを見せてくれた。犬を見せてくれただけ。この計算のなさがいい。

その後は彼女たちの〝行きつけ〟の駄菓子屋『げんべい』へ。86年前からやっているという店で、改築した際に倉庫から昔の玩具が大量に出てきたという。実際に店先には岡田奈々さんの当時のブロマイドが売っていた。犬を見て、駄菓子屋に行った。それだけのことだ。人に言わせれば「だから何だ」という時間。でも僕にはそれが観光地を巡ることよりもずっと良かった。僕も小学生の頃は、こんな風に何でもないことを毎日繰り返していたんだなぁと思えた。束の間、自分も小学生の頃に戻れた気がしたのだ。

駄菓子屋を出ると、今度は自転車に乗った小学生の男の子についていった。何でも自分が通っている習字教室に「お祭り用の人形が置いてあるから見せてあげる」という。

僕が秋田を訪れたのが9月の頭。実は数日後には毎年9月7、8、9日に開催される『角館のお祭り』が控えていたのだ。男の子が言っていたのは「山」と呼ばれる山車に飾られる人形のことだった。歌舞伎の一場面を再現したものや武将、地元の英雄など迫力ある人形の数々。400年の歴史を誇る重要無形文化財の匠の技を、ひょんなきっかけで見学させていただいた。

わずか一時間ほどの道草だったが、子供たちの日常の息遣い、町の歴史と現在の交錯のようなものを感じることが出来た。

〝観光〟では決して味わえない〝旅〟ならではの得難い時間。これだから道草は止められない。

角館から田沢湖に向かうバスに乗り込むと、小学生たちが千切れそうな勢いで手を振ってくれた。僕は後部座席まで下がってリアガラスから手を振り返した。お互いに姿は見えなくなるまで、ずっと手を振り合った。十年後、彼女たちはどんな成長を遂げているのだろう。僕は十年後、どうしているのだろう。バスの乗り換えで立ち寄った知らない町。たった一時間だけ共に過ごした時間。悲しいことなど何一つない時間だったのに、一期一会の切なさに涙が出そうになった。

♨日本人の心の中に秘められた原風景

田沢湖でバスを乗り換え、いよいよ乳頭温泉へ向かった。今夜はどこに泊まろうか。車中で阿部旅館のご主人がくださった『日本秘湯を守る会』のガイドブックを開き、秘湯感漂う一枚の写真に釘付けになった。

『鶴の湯』は乳頭温泉郷にある８つの温泉で最古の旅館。開湯は１６１５年頃とされており、４００年の歴史を誇る。テレビや雑誌の取材でも度々取り上げられるなど、温泉ファンにとっては有名な場所だという。

そもそも〝秘湯〟って何だろう。辞書で調べると、

・人にあまり知られていない温泉。（大辞林 第三版）

・辺鄙な場所にあって、人に知られていない温泉。（デジタル大辞泉）

となっている。そういう意味では『鶴の湯』は、秘湯ではないのだろうか？ だとすれば、そもそも秘湯の会のガイドブックで紹介されている温泉は、本に載っている時点で秘湯ではない？ いや、この

ネット社会で人に知られていない温泉などもはや存在しない。有名かそうでないかの差だ。だとすれば『鶴の湯』のみならず、乳頭温泉郷そのものが全国的にその名が知られている有名処……。

〝秘湯〟の定義というのは難しい。しかし温泉俳優を自称しておきながら、秋田を訪れて乳頭温泉に行ってないというのはいかがなものか。必ず訪れておかねばならない場所だろうし、多くの人に知られていながらもなお、秘湯と呼ばれる理由も知りたい。

『アルパこまくさ』というバス停で降り、宿の送迎バスを待つ。山間を走ること15分。駐車場を降り〝秘湯〟の輪郭が目に入った瞬間、僕は思わず呟いていた。

「なんなんだここは……」

夕陽が落ち、夜のとばりが降り始めた時刻。木造の門の向こうに茅葺屋根の長屋と杉皮葺きの湯小屋がひっそり佇んでいる。暗がりの中で灯された長屋の灯りが連なり、誘うように奥へと伸びている。

突如として目の前に現れた、原生林に囲まれた山間の集落。息を飲むとはこのことだろう。バスを降りた現代人の僕は、一気にタイムスリップしたような錯覚に陥った。その昔、マタギが湯で傷を癒す鶴を発見したことから名付けられたという鶴の湯。湯宿として始まった記録は元禄時代に遡り、茅葺屋根の長屋は警護の武士たちが詰めた「本陣」だという。そんな歴史は後から知ったことだが、数百年前の人々が僕と同じ風景の中にいた、ということが分かるのだ。訪れた者を一瞬にして日本の原風景の中に引きずり込むような、そんな佇まいなのだ。

胸の高鳴りを抑えながら門をくぐる。山々の草いきれに硫黄と夕餉が混ざって、ほのかに漂ってくる。忙しすぎる現代社会から隔絶され、一気に幻想の世界へ持っていかれる。これは秘湯だ。有名無名ではない。これが秘湯なんだ。日本人の心の中に秘められた原風景のことなのだ。

感動に胸を震わせ、混浴露天風呂へ。早く入りたい一心で、一瞬で脱衣。服を身に着けているのがもどかしい。夜風に揺れる野草、歴史を刻む岩場。完璧なアプローチから、乳白色の湯に身を沈める。


あぁ、気持ちいいい――。

圧巻。溶けてしまいそうだった。僕の周囲を流れている時間が違う。数百年前の月明かりと星を浴び、数百年前と同じ風に吹かれ、数百年前と同じ湯に抱かれている。感動的だった。


湯を上がってからも幻想は続いた。採れたての山菜など、華美ではないが、地元の旬を集めた郷土料理の数々は絶品だった。そして岩魚を刺身でいただいたのは生まれて初めての経験だった。中トロのように脂がのっていて旨い。中でも僕がその美味しさに悶絶したのが、山の芋鍋だ。山芋をすりおろして作ったお団子が、鶴の湯自家製の味噌仕立ての出汁に沈んでいる。出汁の深み、山芋の粘り。従業員の大前さんが囲炉裏からよそってくれる芋鍋を、僕は延々とお替りした。僕の中の〝最後の晩餐ランキング〟に間違いなく入る美味しさだった。

至高の温泉に、抜群の夕食。僕は至福の中で眠りに落ちた。

翌朝。朝食の際に、一人のスタッフが僕に囁いた。

「綺麗な人がいたんですよ」

旅の楽しみのひとつは、その地その地の魅力的な女性を目にすることだ。バスに乗った後、カメラが回っていないところでスタッフ同士で話すのだ。

「さっきの観光案内所の人、綺麗だったね」

「ちょっと影のある感じがよかった」

「きっと都会に疲れて、生まれ故郷でもないこの町で……」

などと妄想を膨らませ、勝手な作り話をして盛り上がるのだ。ノリは修学旅行か、大学生の卒業旅行なんかと全く変わらない。男はいつだってバカなのだ。

僕は手と口を動かし続けながら聞いた。

「綺麗な人って、どこに?」

「今朝、いたんですよ」

「え? 今朝?」

早起きしたスタッフが、二人で早朝の露天風呂に向かったらしい。僕はその時間、まだ夢の中だった。

「年の頃は32、3歳でしょう。おひとりでいらっしゃっていて。女性の脱衣所は奥のほうにあるから、屈んで湯の中を歩いてくれれば見えないじゃないですか。濁り湯なんだから。でも、その女性は立ったまま歩いてきたんですよ！　しかも普通ならタオルで隠すところを隠していないんです！　そもそもタオルを手に持ってない！　しかも美人さんなんですよ！　お胸も程よく大きく美しく……ここまで堂々とされると、男性陣は圧倒されてしまうんですね。おじさんたちが3人ほどいたんですけど、みんな目を逸らしてしまって。しばらくすると、湯のへりにお座りになって。終いには、へりに寝転んで……もう胸だけでなく……み、見えてしまうんですよ。混浴に美しい女性が一人で現れる。しかも、露わに。こんなの一生のうちに一度あるかないかですよ、きっと」

僕の箸は完全に止まっていた。そこへ一人の綺麗な女性が食事処へ現れた。背筋を伸ばして正座し、凛としたたたずまいで、静かに食事をとり始めた。

「龍さん……あの方です」

スタッフの言葉に、僕は思わず大声で叫んでしまった。

「えーーーーー！　なんで起こしてくれないかなぁぁぁぁ‼」


乳頭温泉、鶴の湯。後悔があるとすれば翌朝早起きしなかったことだけだ。あとはもう完璧だった。温泉初心者の僕にとっての、ファーストインパクトだったといえる。いまだ夢にも出てくる。一生忘れられないだろう。温泉、宿の雰囲気、食事、宿までのアプローチ、すべてが幻想的。僕の好きな要素を兼ね備えた温泉郷だった。

これほど鶴の湯を気に入ったのは、僕がそもそも東北地方が好きだというのもある。民話が大好きだから、東北、特に秋田の雰囲気は好きなのだ。東京下町育ちの僕にとって、原風景的な田舎の風景というか、日本人としての郷愁を感じるのだ。

東北が好きで、民話的な世界観が好きで、白濁の濁り湯が好きで、鍋料理と味噌は大好物。乳頭温泉は、ことごとく僕のツボを突いた。

なんと言えばいいのか、女性に例えると、初体験の女性という感じだろうか。

優しい女性、美しい女性、かわいらしい女性、いろんな素晴らしい女性がいる中でも、初体験の女性というのは、男にとっては忘れられないものだ。誰が上とか下とかではなく、ランキングでもなく、ちょっと特別な存在。僕にとっての乳頭温泉は、そんな感じなのだ。

日本の温泉にランキングなど付けたくない。付けられない。僕はそもそも初心者で、全国の温泉を知らない。たくさん入ったとしても、それぞれの良さを感じるだろうから、ますます順位など付けられないだろう。

しかし、温泉に行ったことがない人、例えば外国人なんかに、どこかひとつ薦めるとしたら「日本の温泉って、こんなところなんだよ」と前置きした上で、僕は乳頭温泉と答える。

♨ 野性味あふれるワイルドな秘湯『藤七《とうしち》温泉』

三日目、旅の最終日。僕は岩手県の八幡平を目指すことになった。前夜、僕の客室係を務めてくださった大前さんに「ワイルドな温泉に行きたいんですが」と尋ねたところ、「じゃあ藤七だ!」と即答されたからだ。大前さんによれば、奥羽山脈北部の八幡平頂上に野性味溢れる秘湯『藤七温泉』があるという。

まずは田沢湖駅へ出て、八幡平頂上行きに乗り換えるプランなのだが、乗り継ぎのタイムラグが2時間近くもあった。まぁ急ぐまい。旅は直線より曲線、回り道のほうが楽しい。日本一深い田沢湖の遠景を眺め、町をぶらぶらしていると突然降ってきた。『酒のダルマヤ』という酒屋さんに飛び込んで雨宿りさせていただいたのだが、ここで思わぬ情報が。八幡平頂上へ行く途中に『玉川温泉』という温泉があり、しかも岩盤浴だという。藤七温泉へ向かう途中で、しかも岩盤浴。行くしかない。

八幡平頂上行きのバスに乗り、1時間半後に途中下車。国立公園内を歩いていくと、硫黄の匂いがどんどん濃くなってきた。やがて、むき出しの岩肌と手付かずの緑の中に源泉が見えてきた。98度という高温水が豪快に噴き出している。源泉一カ所からの湧出量は毎分9000リットルと日本一らしい。凄まじい地球のパワーを感じる。地獄谷と呼ばれる由縁だ。

岩盤浴テントに到着し、早速地面に触れてみる。熱っ！　すごい熱だ。直に寝そべることは絶対に無理で、ここを利用するためにはあらかじめゴザやタオルなどの断熱アイテムが必要らしい。僕は何も知らずに手ぶら。先客のご夫婦のご厚意で、地面に敷くマットをお借りすることができた。

腹這いに寝そべり、地球の恩恵をたっぷりいただいた。微量のラジウム放射線が含まれている非常に特徴がある泉質らしく、ここでがんを治した方々もいらっしゃるらしい。その噂を聞きつけたがん闘病中の方々が全国から集うという。この日も抗がん剤が効かないという末期がんの方がいらしていた。

ここ玉川温泉は観光というよりも湯治客が多いのだ。地球の恵みによって病身を癒す。今まで行ったどこの温泉とも違う、厳かな、独特な雰囲気に包まれていた。

玉川温泉からバスで約50分。八幡平頂上へ到着した。旅の最終地点となる『藤七温泉　彩雲荘』へは、頂上のバス停から2キロ歩いたところにある。真っ白なガスが漂う中、20分ほど曲がりくねった車道を下っていく。すると突然視界が開け、山肌の至る所から白煙が立ち上り、大小様々な水色の湯畑が見え

開放感抜群、手作り感
満載のワイルドさが魅力

てきた。

そう、僕は湯畑だと思っていたのだ。草津温泉のように源泉が高温すぎるためここで湯もみして、温泉は別の場所にあるものだと思い込んでいた。なんせ湯の周りには石がゴロゴロしているし、ホースやパイプも剥き出しなのだから。ところが、これこそが湯船だった。

満願寺以来の無防備さ。予想以上のワイルドさに笑みがこぼれる。温泉を管理する『彩雲荘』で手続きを済ませ、いよいよ旅を締めくくる入湯だ。

実際に湯へ向かうとわかる。この山肌に温泉をしつらえるのは相当な苦労があったろう。『彩雲荘』の方の話によれば、すべて手作りだそうだ。

標高１４００メートル。東北最高所に湧く温泉をいただく。山の秋風は肌寒いのだが、かけ湯は「熱っ！」。5、6個ある湯殿から適温そうなものを選んだにも関わらず熱い。徐々に体を慣らし、ゆっくり沈んでいく。湯床には板が敷いてあるのだが、底からはブクブクと泡が湧き出してくる。見た目のワイルドさとは裏腹に特段刺激のない、入りやすいマイルドな湯だ。

あぁ、すごい――。

大自然のど真ん中に一人。この解放感はどうだ。10月末には雪で閉ざされてしまう期間限定の秘湯を、心行くまでいただく幸せ。

雄大な景色を独り占めしながら、僕は旅路を振り返っていた。横手焼きそばと稲庭うどんを立て続けに食べる麺尽くしのスタート。阿部旅館の露天風呂を満喫。水の町・六郷を巡り、角館では地元の小学生たちに導かれ、乳頭温泉・鶴の湯では深い感動を味わった。玉川温泉の地熱に癒され、今こうして荒野の露天を独り占めしている。

僕はまだまだ日本を知らない。温泉を知らない。知れば知るほど知らないことを思い知らされる。

「まだ旅の途中……」

呟きが秋風に消えていった。ひとつの旅が終わる時、それはもう次の旅の始まりだ。

大湯温泉

栗駒山の西麓、皆瀬川最上流の山間に位置し、自然に囲まれた昔ながらの佇まいを残す秘湯。渓谷沿いに11軒の温泉宿が並んでいる。

「奥小安・大湯温泉 阿部旅館」

住 秋田県湯沢市皆瀬字小安奥山国有林34

乳頭温泉

山深い地にひっそりと7つの一軒宿が集まる、温泉ファンならずとも憧れる「秘湯」。その中でも最古の歴史を誇り、秋田藩主の湯治場だった由緒ある「鶴の湯温泉」。

「鶴の湯温泉」

住 秋田県仙北市田沢湖田沢先達沢

玉川温泉

他の温泉地や観光地と異なり、療養・静養を目的とした湯治宿と言うのが特徴。日本でも有数の岩盤浴スポット。

住 秋田県仙北市田沢湖玉川字（十和田湖八幡平国立公園 内）

藤七温泉

標高1400m, 北日本では最も高い位置にある高山温泉。山頂にある一軒宿の「彩雲荘」では白濁の湯と野趣あふれる開放感たっぷり六つの露天風呂を楽しめる。

「彩雲荘」

住 岩手県八幡平市松尾寄木北の又

限りある命　旅は永遠

青森県十和田市「蔦温泉」
青森県十和田市「猿倉温泉」
青森県黒石市「青荷温泉」
青森県西津軽郡深浦町「黄金崎不老ふ死温泉」

♨健さんがこだわりぬいたコーヒー

２０１４年８月。東北新幹線はやぶさで東京から約３時間。僕は旅の出発点となるＪＲ八戸駅前に降り立った。青森県の右端から県内３００キロを横断し、左端の日本海側を目指すのだ。

ＢＳ－ＴＢＳの『それがしりたい　～ニッポンおもしろいネ～』が終了し『日本の旬を行く！　路線バスの旅』に変わってから最初のロケ、最初の旅だった。とはいえ、番組の内容や僕自身のスタンスは何も変わらない。路線バスに乗って旅をするというのが唯一のルール。相変わらずのノープランだ。事前にどこへ行くのかは何も決めていないし、様々なアポイントも宿の予約も何一つとっていない。ただ何となくゴールはこのへん、とぼんやりと決めている。この回は「最後は日本海を眺めながら、湯に浸かって締めよう」と思っていた。

とはいえ、僕は青森県のことを全然知らない。土地勘もさっぱりない。そこで駅前でタクシーの運転手さんに尋ねてみると、まずは八戸から平行に十和田湖へ向かい、そこから青森市へ北上するルートがいいだろう、とのこと。素直に従うことにした。

飛び乗ったバスは十和田市行き。地元の高校生で満員のバスに揺られ、田園風景の中を抜けた。『十和田中央』というバス停に降り立ったのは朝8時半。お腹が鳴った。朝食をまだ取っていなかったのだ。せっかくだから地元の美味しいものを食べたい。案内所で薦められたのは『十和田バラ焼き』というご当地グルメ。朝から肉？　何の問題もない。問題は朝早すぎて肝心の店が開いていないことだった。開店まで2時間もある。諦めてタクシー運転手さんの言う十和田湖行きのバスに乗るか。あるいは朝食なんだし、喫茶店の軽食で済ませるか。いや、悔しい。食べたい。バラ焼きを紹介する町の看板やのぼりを見るたびに、舌とお腹がどんどんバラ焼き仕様に仕上がってきてしまった。

もうダメだ。どうしても食べたい。ガソリンを入れないと僕という車は走らないのだ。開店を待つことに決めた。旅番組のスタートに、朝食のために貴重な時間を2時間も潰す。あり得ないことだが、僕は旅番組のナビゲーターではなく、旅人なんだから仕方ない。

町の商店街をぶらぶらしていると、面白そうな店を見つけた。『船来の店　桜田酒店』。普通の酒屋さんではない。ハーブキャンディやジャム、紅茶やチーズなど物珍しい輸入品を扱っているお店だ。店内をきょろきょろ見渡しているとサインが飾られていた。高倉健さんのものだった。

1977年公開の映画『八甲田山』。青森ロケに臨んだ健さんが、撮影の合間にこの店を訪れたのだという。コーヒー好きの健さんは、この店でモカやコロンビアやブラジルといった様々な豆のブレンドをお願いしたらしい。このオリジナルブレンドは『八甲田の残雪』と名付けられ、商品化されて、現在も販売されている。

お店の方のご厚意で一杯いただいた。苦味の中にまろやかな甘みを感じる。健さんは割合も細かく指定したらしく、抜群の配合。文句なしに旨かった。

僕は噛むように味わいながら、健さんに想いを馳せた。2001年公開の映画『ホタル』で共演させていただいて以来、ずっと敬愛させていただいているのだ。

映画『八甲田山』のロケは日本映画史上最も過酷なものとして伝説になっている。実際に真冬の八甲田山で行われた撮影は遭難する者や凍傷にかかる者が相次ぎ、脱走者が後を絶たなかった。健さんもまた死を覚悟し、ゲン担ぎに「何かひとつ好きなものをやめよう」と決めた。コーヒーと煙草をこよなく愛していたのだが、命と引き換えに煙草を止めたのだという。手元に残したのがコーヒーだった。

それほど愛し、こだわりぬいたコーヒー。ふらりと入った店に、健さんオリジナルブレンド。僕は身震いした。もしもバラ焼きを諦めていたら、もしも開店時間が早かったら、僕はこの店に立ち寄ることはなかった。一見無意味に思える時間も決して無駄ではない。道草の途中に思いもよらない宝物が落ちていることがあるのだ。

一度は浮気しかけた千年の歴史を誇る「蔦温泉」

お邪魔したのは昭和42年開業の焼き肉店『大昌園』。市内に80を越えるバラ焼きの店がある中で、ここが元祖なのだという。地元の人も太鼓判を押す老舗。期待に胸を膨らませながら、小さな鉄板の上で自分で炒める。甘辛いタレを絡ませた牛バラ肉と新タマネギ。絶妙のハーモニーだ。白飯と交互に口に放り込むのだが、これが無限ループ。美味しさが止まらなかった。

ガソリン満タンの僕は、以前から行きたかった場所に向かった。青森を代表する景勝地、奥入瀬渓流だ。バスの運転手さんのアドバイスに従い『石ヶ戸』というバス停で降り、散策した。マイナスイオン溢れるブナや楓の木立の中を歩く。清流が圧倒的な水量で斜面を流れていく。落差20メートルの雲井の滝のほとりに立つと、しぶきが飛んできた。天然のミストを浴びると、じわじわとあの感情が沸き起こってきた。あぁ、温泉に入りたい。

十和田湖でバスを降り、案内所を訪ねた。酸ヶ湯《すかゆ》温泉を薦められたが、僕自身は蔦温泉というのも気になった。青森行きのバスに乗れば、どちらにも辿り着けるという。じゃあ乗ってから考えればいい。考えなかった。僕は1時間熟睡し、寝ぼけ眼で降り立ったのが蔦温泉。バス停から歩いてすぐのところに宿があった。山間の一軒宿。いい雰囲気だ。空きを尋ねると「お泊りできますよ。準備いたします」と笑顔で対応していただいた。僕はここで「じゃあお願いします」とチェックインしなかった。とりあえず空室の確認をしただけに止めたのだ。

案内所で薦められた酸ヶ湯温泉が気になっていた。蔦温泉という保険をかけておき、酸ヶ湯温泉も冷かして、どちらがいいかを決めようと思ったのだ。タイミングよくあったバスに乗り込み、30分でもうひとつの候補地、酸ヶ湯温泉に着いた。観光バスが行き来し、観光客で溢れかえっていた。人気の宿なのだ。

あいにくの満室。仮に空室があったとしても十日前には撮影の申請を出さなくてはならず、当日の撮影許可は下りないということだった。もう全然無理な話だったのだ。

蔦温泉という保険をかけておいて良かった。空室の確認をしただけで予約もしていないのに、僕は勝手に安心してバス停へ向かった。さぁ帰ろう。えっ！　バスがない。蔦温泉に向かう終発が終わっていた。なんてことだ……。

実は番組ディレクターの奥田さんは、時刻表をすべて把握していた。僕が酸ヶ湯に行く際にすでに、もしも酸ヶ湯がイメージと違って蔦温泉に戻りたいと思ってもバスはないことがわかっていたのだ。わかってはいるが、この番組はガチだ。助言も忠告も一切しない。だから僕の失態も黙ってカメラに収めていたのだ。

僕は頭を抱えた。まんまと浮気の罰が当たったのだ。奥さんと浮気相手の間をフラフラ。無論、奥さん（蔦温泉）も浮気相手（酸ヶ湯温泉）も何も悪くない。悪いのは僕だ。きっと旅の神様が怒ったのだろう。

どうにもならない。僕は困り果てて、蔦温泉に電話した。酸ヶ湯温泉経由の送迎バスのコースがあることに賭けたのだ。負の連鎖は続いた。そんなコースはないのだ。僕は観念した。

「実は……帰れなくなってしまいました」

奥さんは、浮気相手の膝元でうなだれる僕を迎えに来てくれた。なんという懐の広さ。こんな浮湯者を優しく許してくれた。

決して罪滅ぼしでもごますりでもない。蔦温泉は贔屓目なしに素晴らしい宿だった。

宿にせよ店にせよ、古っぽく作りこむ所というのがある。僕はそういうのは好きではない。古いなら古い、新しいなら新しい、嘘がないほうがいい。蔦温泉は歴史を感じさせながらも、隅々まで掃除が行き届いていて、とても気持ちが良かった。そして木を基調とした造りで温かみもあった。歴史が深そうで清潔。僕が一番好きな感じだ。

聞けば歴史が深そうではなく、本当に深かった。蔦温泉のはじまりは平安末期の久安三年（１１４７年）にまで遡るという。宿自体も明治42年の創業と、全国でも屈指の歴史を誇るのだ。しかも源泉の真上に浴槽を設けた全国でも十数軒しかない〝源泉沸き流し〟の湯。パイプを通すかけ流しと違って、空気に触れずに直接味わえる、いわば生湯だという。僕はとんでもない良妻を裏切ろうとしていたのだ。なんてことだ……。

千年の秘湯をいただく。僕は緊張していた。沸き流しゆえか、さすがに熱い。そしてぬるぬるしている。ゆっくり体を沈めていく。

あら、あらららら。あぁ、気持ちいい。これ気持ちいいなぁぁ。

圧倒的な露天風呂派の僕が、内湯でこれだけ感動したのは久しぶりかもしれない。時間を忘れて堪能してしまうほど、素晴らしい湯だった。

♨ 幽玄の世界を五感で味わえる「ランプの宿」

翌朝。浮湯の罰が当たったのか、雨だった。それでも僕は、

「緑は雨のほうがより綺麗にみえる」

なんて呟いて、本当に懲りないやつだ。

宿のご厚意で、隣の猿倉《さるくら》温泉まで送迎バスで連れていっていただいた。ダメ夫を最後まで甲斐甲斐しく……。

八甲田山の麓に位置する唯一の硫黄泉『元湯　猿倉温泉』。そこの露天風呂をいただいた。冬場は雪で閉ざされてしまうため営業は4月から10月まで。〝旬〟の露天風呂をいただいたのだ。


程良い……やっぱり露天だなぁ。


熱すぎず、ぬるくない。入りやすい湯だ。八甲田山の草いきれを爽やかな風が運んでくる。旅二日目の第一湯。僕は最高のスタートを切った。

さっぱりした気持ちでバスに乗り、青森駅へ。観光案内所で今後のプランを練った。旅の最終日、明日の三日目には日本海側へ出たい。今日二日目は、どんな寄り道が楽しいだろう。

まずは腹ごしらえだ。案内所の方が「美味しい」と断言する『のっけ丼』なるものを食べに『青森魚菜センター』へ。地元の料理人たちが食材を求めて訪れる市場だ。

10枚綴り1080円のチケットを購入し、市場内28店舗を自由に巡る。気になった食材をご飯の上にどんどん〝のっけ〟ていくというユニークなシステムだ。例えばトロサーモン一切れはチケット1枚、

本マグロの大トロは一切れ2枚という具合だ。僕はホタテやウニ、サザエ、サーモン、トロと旬のものを連発して完成させた。自分の好物で埋め尽くした丼。どれから食べたらいいのか迷ってしまう。観光客に人気が出るわけだ。最高だった。

食後、観光案内所で薦められた今夜の宿へ電話を掛けた。

「本日は泊まれますでしょうか?」

昨日の教訓を生かさなくては。無事に予約もとれ、いざ黒石市へ。バスを乗り継ぎ、最寄りのバス停から送迎バスでさらに山間へ進んだ。辿り着いたのは『ランプの宿 青荷《あおに》温泉』。

宿へ向かうアプローチからして、僕を高揚させてくれる。鮮やかな緑の中、津軽弁で書かれた看板が途中途中に置かれている。日があるうちに到着したためピンと来なかったのだが、この宿の醍醐味は日没後だった。夕陽が月へバトンタッチする頃、あたりは深い闇に襲われる。日常生活ではここから電気という文明の利器が人間生活を照らすのだが、この宿は違う。

「ランプの宿」。その名の通り、日が暮れ始めると従業員が館内のランプ一つひとつに火をともして回るという、秘境の一軒宿なのだ。

館内すべてに電灯がない。もちろん客室にもないし、湯にもない。テレビもなく、スマホの電波もないため繋がらない。日が沈めば、ランプの灯りしか頼るものはない。文明の利器から離れる、束の間の時間だ。たかが一泊なんだから束の間の時間のはずなんだが、暗闇の1秒は異様に長く感じる。まるで外界と隔絶された異世界にいるような感覚に陥る。〝何でもある、いろんなものがある〟ではなく〝何もない〟世界がこんなに特別な空間になる。僕らは普段、いかに〝何でもある〟世界に生きているのだろうか。

暗闇で完全に視覚を奪われると、聴覚、嗅覚、味覚が研ぎ澄まされる。それを不便ととるのか、楽しめるか。人それぞれだろう。僕の場合は、これぞ旅の醍醐味と楽しむ。人は自分で非日常を作り出すことが難しい。便利なほう、楽なほう、効率の良いほうへ流れてしまう。だからこそ、半ば強制的に作られる非日常は、むしろ楽しいと思うのだ。

これは裏話だが、滝を眺められる露天風呂はあまりにも暗く、照明機材を駆使しても僕がほとんど映らなかった。そのため内風呂でカメラを回したほどだった。

というわけで露天派の僕は内湯をいただくことになった。しかし、総ヒバ造りの大浴場。ランプの灯りが目に優しい。

あ〜ら！　あ〜ーこれ、気持ちぃぃぃ。

夜は満天の星空、昼は川のせせらぎを堪能できる

絶妙の適温。総ヒバ造りから漂う、ほのかな木材の香り。そして照明機材を消し、ランプのみが灯る闇の中に佇んでいると、視覚以外の感覚がより研ぎ澄まされ、湯の有難みをより感じることができた。

翌朝。僕は昨夜入ることができなかった滝を望む露天風呂、川沿いの露天風呂を堪能した。緑の中、川と滝のせせらぎを聞きながら入る日中は日中で良い雰囲気なのだ。そして夜は満点の星の下、深い闇と静寂を感じることができる。

文明から束の間離れた非日常。楽しめる方にはお薦めだ。

♨目の前に日本海が広がる絶景露天風呂

旅の最終日。青荷温泉を後にし、いよいよ日本海側へ。昨日、青森駅前の観光案内所で薦められた『黄金崎不老ふ死温泉』を目指す。

黒石から弘前、弘前から鯵ヶ沢。バスを乗り継ぎ、青森を横断していく。問題はここからだった。鯵ヶ沢に到着したものの、バスが不老ふ死温泉に届かないのだ。深浦駅までしか行かず、そこから温泉までは車で15分もかかるという。とても歩ける距離ではない。

どうしようか。悩んでも仕方がない。少しでも不老ふ死温泉に近づくためには、とりあえず深浦駅までは行くしかない。そこでまた考えればいい。

鯵ヶ沢駅前から深浦行きのバスに乗り込んだ。車中で不老ふ死温泉をべた褒めするおじさんと会話が弾んだ。

「んだ、いい温泉だ」

「そうですか」

「んー、なんかテレビで見たことあんだよな」

話題は温泉から僕のことに移ってしまった。

「なんか見たことあんだよな」

しばらく沈黙があって、

「どっかで見たことあんだよ」

しばらく静かになって、

「見たことあんだよ、誰だっけ」

バスが揺れるたび、波のように押し寄せてくるおじさんの疑問文。「この紋所が……」「時代劇」といった具合にヒントを出すのだが、おじさんは全然正解にたどり着かない。

「深浦、いいところだよ。マグロ食べたほうがいい」

今度は僕の話題からマグロへ飛んだ。いや、そういう情報のほうがずっと有難い。しかし、またしても僕の話題へ逆戻り。結局おじさんは僕のことがわからなかったため、助さんです、と正体を明かした。

「なんか見たことあんだと思って。んいや、たいしたもんだなぁ」


鯵ヶ沢駅前に着いた。朝、山の中の温泉にいて、昼過ぎには日本海沿いにいる。半日の間ずっとバスで青森を横断してきたのだ。腹が減っていた。胃袋が、おじさんが薦めてくれたマグロを求めていた。あとで知ったのだが、深浦町はマグロの水揚げ量県内一。青森でマグロといえば大間産が有名だが、深浦町は大間よりも水揚げ量が多いのだ。

中学生くらいだろうか。目の前を通りかかった地元の女の子二人組にマグロの美味しい店を尋ねた。歩き出してすぐ〝深浦マグロステーキ丼〟と書かれたのぼりが風に揺れているのが見えた。訪れたのは『食べ物屋　セイリング』。早速、のぼりに書いてあった深浦マグロステーキ丼を注文した。刺身でも良し、焼きでも良し。天然の本マグロを3種類のタレと3つの丼を好みの組み合わせで食べられるご当地グルメだ。旨い旨い。いろんな食べ方があって飽きない。しかもマグロの旬といえば冬のイメージだが、深浦では夏から秋にかけてが旬だという。僕が旅した8月は最高の状態だった。

腹も満たされたが、懸案事項も意外な形で解決した。〝鰺ヶ沢から不老ふ死温泉までのバスがない問題〟。繁忙期の店を手伝いにきていたオーナーの妹さん、桂巻さんが、マイカーで連れて行ってくれることになったのだ。

店を出ると、桂巻さんはまず温泉の手前にある十二湖青池へ連れて行ってくれた。世界自然遺産の白神山地。その一角である津軽国定公園内にある神秘的な湖だ。青いインクを流し込んだような、と形容される青池。実際に目の当たりにすると、本当に青かった。明るい青ではなく、深く濃く吸い込まれるような青だ。怖いくらいに美しかった。

十二湖青池から、いよいよ不老ふ死温泉へ向かった。潮の香りが届く駐車場で、送ってくれた桂巻さんにお礼と別れを告げた。とうとう辿り着いた今回の旅のゴール。内湯を経由して海岸へ歩き出した。おどろおどろしいネーミングとは裏腹に、この温泉は海そのものだ。特にこの日は天気も良く、実に爽やかだった。

湯船は波打ち際。もはや海の一部と化しているようなロケーション。岸と一体化したひょうたん型の露天風呂だ。湯の色は濃い茶褐色。もともとは無色透明の湯なのだが、温泉に含まれている鉄分がすぐに酸化するためらしい。

日本海を眼前に望む
抜群のロケーション

湯船の高さが海面の高さと変わらないため、湯に浸かるとパノラマで水平線が目の前に広がる。

う、うわ、はぁぁぁぁ。

言葉にならない。吹き抜ける風に髪が乱れる。手のひらで撫で付け、午後の日差しに目を細めた。潮騒を聴きながら少し舐めてみると驚くほどしょっぱかった。

僕は潮風の中で、青森での三日間をゆっくり振り返った。旅のスタート時に、高倉健さん所縁の店を訪れ、蔦温泉（妻）と酸ヶ湯温泉（浮気相手）の間を行ったり来たりし、ランプの宿で束の間の隔絶感を味わった。そして今、ご厚意で送っていただいた波打ち際の温泉で、日本海を眺めている。

僕は幸せ者だ。旅はいつも僕に掛け替えのない時間と思い出をくれる。

お日様が少しずつ夕陽に変わろうとしていた。次の旅はいつになるだろう。

後日談だが、僕がこの青森の旅で健さん所縁のお店を訪ねたのが２０１４年８月（９月放映）。同年11月10日に健さんは永遠の旅に出られた。

僕もいつの日か、永遠の旅に出ることになる。その時は健さんにもう一度お会いして、出来れば旅をご一緒させていただけたらと思う。その日が来るまでは、僕はこちらの世界で旅を続ける。健さん。お会いするのはまだまだ先になると思います。

蔦温泉

平安時代に開湯され、日本百名湯にも選ばれている。一軒宿の「蔦温泉旅館」が唯一営業しており、日本でも珍しい足元から湧き出てくる秘湯。

「蔦温泉旅館」

住 青森県十和田市奥瀬字蔦野湯1

青荷温泉

黒石温泉郷にある温泉。一軒宿の「ランプの湯 青荷温泉」があり、その名の通り、日が暮れ始めると従業員がランプ一つひとつに火をともして回る。

「ランプの宿　青荷温泉」

住 青森県黒石市大字沖浦字青荷沢滝ノ上1-7

猿倉温泉

十和田湖温泉郷の湯元でもあり、湯量の豊富さが自慢の温泉。猿が湯に浸かっているのを猟師が発見したのが、温泉のはじまりとされる。

「元湯　猿倉温泉」

住 青森県十和田市大字奥瀬字猿倉１番地

黄金崎不老ふ死温泉

目の前に日本海が広がり、海と一体化しているような感覚を味わえる露天風呂が人気の一軒宿。日没の時間には夕陽を眺めながら入れる。

住 青森県西津軽郡深浦町大字舮作字下清滝15

北アルプスに想う

岐阜県高山市「飛騨高山温泉」

岐阜県高山市「新穂高温泉」

体が喜ぶものは体にいい

２０１４年11月。ＪＲ富山駅は北陸新幹線開通工事の真っ最中だった。ここからバスを乗り継ぎ、岐阜県飛騨地方を目指す。今回の旅の最終目的は、初冬でも雪景色が見られる飛騨の露天風呂だ。

とりあえず岐阜県を目指そうと駅前からバスに乗り込んだものの、例によってノープラン。テレビカメラが回っているにも関わらず、良くも悪くも楽観的過ぎると我ながら思う。旅をしているうちに、何も決まっていない不安感を楽しさが飲み込んでいく瞬間がある。そして急に不安が顔を覗かせることも。その繰り返しに揺れるのがたまらなく楽しい。大丈夫、旅はどうやったってつまらないものにはならない。僕の楽観の根拠はそこに尽きる。

それに旅は自分ではなく、出会う人々が作ってくださるものだという思いがある。あらかじめ計画を立てるのも悪くはないが、地元の方のお薦めに素直に従って漂っていく。僕はそんなスタイルを愛している。

バスは富山市街地を抜け、岐阜県へ入った。運転手さんが薦めてくれたのは飛騨市の神岡町。湧水の郷として知られる町と聞き、早速、途中下車。僕は水が綺麗な町が好きなのだ。飲料としても、景色も、蕎麦が旨いのも、名水の里ならではだろう。

神岡町は大洞山の麓から湧き出す水によって潤いを与えられている。町のあちこちに共同の水屋（水を扱う場所＝台所の古称）が設けられ、古くから生活用水として利用されているという。町中を歩いていると、早速見つけた。民家の合間にひっそり佇むようにして水屋があるのだ。ひしゃくを拝借して、一口いただいた。癖がなくて柔らかい感じだ。そして冷たくない。地下水のため、水温が年間を通して約11℃を保つから、夏は冷たく冬は温かいのだという。こんなに綺麗で美味しい水を恵んでくれる水屋が、家の近くにあったらどれだけいいだろう。

名水の里に名酒ありだ。一軒の酒蔵を見つけた。江戸末期創業の『大坪酒造店』。美味しい日本酒を試飲させていただいた。あとで知ったのだが、全国の日本酒ファンに高い人気を誇る蔵元らしい。なぜ知らなかったのかというと、僕は普段、お酒をほとんど呑まないからだ。どちらかといえば得意ではない。しかし旅に出ると、ついつい口にしたくなる。そこでしか飲めない新鮮な味、となると「飲まなきゃ損」となる。ましてや名水の里ならなおさらだ。得意ではないはずなのに、美味しいと感じる。果物や野菜はもちろん、たとえお酒であっても、フレッシュなものは体にいい、と思えるのだ。　体が喜ぶものは体にいい。科学的なことはわからないけれど、これは真実だと思うのだ。

蕎麦の味を忘れてしまうほどショックな出来事

酒蔵を後にし、タイミングよくやってきた高山行きバスに乗った。運転手さんに薦められたのは古川町。景観の美しいかつての城下町だという。乗車時間約50分と聞いて、僕は眠りに落ちた。

僕はバスの中でよく眠る。疲れていればもちろん、さほど疲れていなくてもたいてい眠ってしまう。のどかな風景が広がっていて、バスが一定のリズムで揺れる。僕はゆりかごの中の赤ちゃんのような気持ちになるのだ。

ちなみにテレビカメラが回っているのに熟睡してしまうのは、この番組だけ。スタッフと気が合う。まるで友達がYouTubeに投稿するためにスマホのムービーを撮っているような、いつもそんな気分なのだ。

そして僕は視聴者のために旅をしているという感覚がない。アポなし演出なしのガチな一人旅を楽しんでいる僕を見ていただき、その町に行ってみたくなってくださったら最高だと思っているからだ。

飛騨古川駅前で降車。寝起きの僕は、今度は空腹を覚えた。僕は根本的な欲望にかなり忠実なほうだと自覚しているが、旅に出るとそれが加速する。観光案内所で情報収集すると、新そばのシーズンだという。

日頃から好きだが、旅に出ると〝蕎麦率〟がより高くなる。自然を目にしながら歩き、その町の空気や水で育まれた蕎麦を味わいたくなるのだ。その町の景色や町の匂いなんかも食べられるような気になる。特に水が綺麗な町だとなおさらだ。

しかし観光マップを見せてもらうと、店がありすぎて目移りしてしまった。地元の方に聞き込みしてみよう。

町を散策しながらの情報収集。瀬戸川に沿って白壁土蔵が続く景観。美しい。美しいのだが、どうにもお腹が空いていた。早々に地元の方お薦めの蕎麦屋さんへ飛び込んだ。『蕎麦正　なかや』。飛騨荘川産のあらびき粉を奥飛騨原水を使って打った手打ち蕎麦を供してくれるお店だ。

注文したのはシンプルにざるそば。新そばだ。風味を存分に楽しむには、最初の一口を岩塩でいただくのがお薦めだそう。お店の方が言うことには従ったほうがいい。

んーーーうまい！！！

さすがは水が美味しい町。瑞々しくてコシがある。近所にあったら週何回通うだろう。美味しかった。でも、その美味しさを忘れてしまうような、ショックなことがあった。食べ終わった後、マネージャーから電話がかかってきた。

「TV局から高倉健さんが亡くなられたことに関して、コメントをいただきたいと……」

衝撃的な悲報に、僕は言葉を失った。2001年公開の映画『ホタル』で共演させていただいて以来、ずっと敬愛させていただいていた。

つい三か月前。青森を縦断する旅の途中、十和田で健さんゆかりの店に立ち寄ったばかりだった。

1977年公開の映画『八甲田山』。青森ロケに臨んだ健さんが、撮影の合間に訪れた店。コーヒー好きの健さんは、この店でモカやコロンビアやブラジルなど様々な豆のブレンドをお願いしたらしい。

三か月前に旅先で健さんを思い出し、それから三か月後に旅先で訃報を聞いた。

大空へ旅立った健さんはきっとこう言っているはずだ。「俺のことなんかいいから、旅を楽しめ」と。敬愛していた大先輩からの言葉に従い、僕は楽しく旅を続けることを心に決めた。

♨ たまには殿様気分を満喫

飛騨古川駅前へ戻り、高山行きのバスに乗り込んだ。40分ほどで高山駅に到着すると、まずは駅前の観光案内所へ。今宵の宿探しだ。

僕はたいてい宿探しは観光案内所か、地元の方に聞くようにしている。スマホで検索するのはごくたまにだ。ネット情報は玉石混交。すごく役に立つ情報もあれば、自作自演臭漂うものや不正確な情報も結構ある。だったら現地の人にうかがったほうがいい。ネットに出ていない情報もたくさんある。

「高山市街だけで30軒ほどのお宿がありまして……」

観光マップを見たら目移りしてしまってどうにもならない。市街を散策して、町の人に聞いてみることにした。『飛だ米屋』というみたらし屋さんでお薦めされたのは『花扇別邸いいやま』。飛騨高山では数少ない自家源泉が自慢の宿と聞き、即決した。

僕はこの日泊まったのは半露天風呂付きの豪華な部屋。部屋に着くなり、一息つく間もなく服を脱ぎ捨てた。

なにこれ、ヌルヌル。はぁーーあーーー気持ちいいーー！

味わったことのない、ぬるぬる感。小さな虫が這えないほどヌルヌルなのだ。泉質や効能は興味がないので詳しくは知らないが、湯上りは肌がツルツルして気持ち良かった。

宴会場も備えた大型の高級観光旅館だ。従業員の方々の対応も柔らかく、飛騨牛づくしの夕食も笑ってしまうほど美味しかった。いろいろ行き届いていて素晴らしかった。

熊本の満願寺温泉川湯で衝撃を覚えて以来、僕はすっかり野趣溢れるワイルドな露天風呂派になったのだが、たまにはこういう殿様気分もいいものだ。

♨永遠の旅に出た健さんとコーヒー

翌朝。一泊二日の旅の最終日。以前から憧れていた飛騨高山の町を散策してみた。観光地にそれほど興味のない僕だが、旅行雑誌で目にする高山の町並みは大好きだ。さんまち通りを歩く。国選定重要伝統的建造物群保存地区に指定されているその名もそのまま『古い町並』。江戸時代の町並みが今に残る、定番の観光スポットだ。

朝早かったため、観光客の姿も少なく静かだった。賑わいもいいが、観光地が静かなのはいい。独り占めしているような気分になれる。

何をするわけでもなく歩いていると、ふいにコーヒーが飲みたくなった。『版画喫茶ばれん』という店で一杯いただき、深く息を吐き出した。

どうしてコーヒーが飲みたくなったんだろう？　自分でも不思議だった。なぜか無性に飲みたくなったのだ。この時はわからなかったが、今振り返ってみて、もしかしたらと思い当たることがある。

昨日、古川町で蕎麦を堪能していた時、敬愛してやまない健さんの訃報を聞いた。日本映画史上最も過酷と語り継がれる映画『八甲田山』のロケで、命の危険を感じた健さんは、ゲン担ぎに大好きなものを止めることを決意。煙草とコーヒーで迷った挙句、コーヒーを残した。それほどコーヒーを愛していた。永遠の旅に出た健さんは、旅の途中である僕に、いたずら心を出してコーヒーを飲ませたのだろうか。いや「こじつけだよ」とお笑いになるかもしれない。

とにかく僕はこの日、なぜ無性に飲みたくなったのかわからないままコーヒーをすすっていた。

♨モノクロの中で

コーヒーを飲み終えた僕は、高山濃飛バスセンターから新穂高ロープウェイ行きのバスに乗った。いよいよ旅の最終目的である雪見露天があるという奥飛騨温泉郷へ向かうためだ。

終点の新穂高ロープウェイ前で降りたのだが、すぐにバスを乗り換えるほど急いではいない。せっかくだから乗ってみようか。

出発点となる標高１１１７メートルの新穂高温泉駅から、標高２１５６メートルの西穂高口駅まで、ゴンドラが力強く登っていく。眼下に広がる白銀の世界。美しければ美しいほど、今日で旅が終わってしまう寂しさが募ってくる。

西穂高口駅で降車し、展望台に出た。西穂高岳、槍ヶ岳など雪化粧した北アルプスの山々が360度のパノラマで開けていた。日本はなんて美しい国なんだ、と思った。

人は美しいものを見たとき「美しい」といい、美味しいものを食べれば「美味しい」という。しかし美しすぎたり美味しすぎたり、あまりにも圧巻された場合、何も言えなくなる。唸り、ため息を漏らすしかなくなる。

北アルプスは美しすぎた。空気がピーンと張り詰めていて、しーんとして静かだった。喋ってはいけないような、息を飲むような神聖な雰囲気があった。僕はこういう感覚を何かで持ったことがある。大仏の前に立った時だ。荘厳な空気の中で、心の乱れを整えるように言われているような。山岳信仰が生まれた理由がわかる。北アルプスのような絶景を見れば、神様がいると信じるのも無理はない。実際にいるのかもしれない。

僕は東京生まれ東京育ちの江戸っ子だから、山や海といった大自然が大好きだ。憧れでもある。北アルプスは、僕が今まで見てきた山の中でも1番といっていいくらいの美しさだった。翌年の年賀状に、僕が北アルプスに見とれている写真を使ったほど感動的な景観だった。

ロープウェイの係員さんに、雪見が出来る日帰りの露天風呂について聞いた。

旅のゴールは、新穂高ロープウェイからわずか二つ目のバス停にほど近い『深山荘』に決まった。わずか3分で到着。バス停から山すそをしばらく歩き、吊り橋を渡った。こういうアプローチはすごく好きだ。山肌を背に佇む素朴な旅館。受付の方に撮影許可を快くいただき、早速湯へ向かった。

『深山荘』には混浴、女性専用、男性専用がある。いずれも蒲田川沿いにあり、大きな石をごろごろと積み上げた野趣あふれる露天風呂だ。

僕は男性専用に向かった。掛湯をして、いざ。


あっあああーーーーーーー！


程よい温度の湯に全身を包まれ、しばらくして目を開けると、北アルプスの白い峰々が見えた。雪化粧した抜戸《ぬけど》岳、焼岳が夕陽に照り映えている。もう一度目を閉じて湯を感じ、目を開けて山々を拝んだ。

鮮やかな空と海の青、山々の濃い緑に溢れた夏に比べて、冬の旅は色に乏しい。夏がカラーなら、冬はモノクロだ。どこか寂しく、切ない。そしてそれが旅情をくすぐる。

そろそろ、のぼせてきた。ぼちぼち出よう。僕は再び目を閉じ、次に目を開けた時の北アルプスを目に焼き付けようと思った。

飛騨高山温泉
北アルプスの雪解け水が永い歳月をかけ地下に深くしみ込んだのち、平成元年に湧き出た新興の温泉。現在源泉は9カ所ある。
「花扇・別邸いいやま」
住 岐阜県高山市本母町262－2

新穂高温泉
岐阜県屈指の温泉地、飛騨高山の奥飛騨温泉郷にあり、北アルプスを仰ぐ高原に広がる温泉。
「深山荘」
住 岐阜県高山市奥飛騨温泉郷神坂720－1

〝返し〟とは

北海道河東郡上士幌町「ぬかびら温泉」
北海道河東郡鹿追町「然別湖 氷上露天風呂」

♨ボリューム満点！ 豚丼のお出迎え

1月の終わり。とかち帯広空港に降り立った旅人は凍えた。覚悟はしていたものの、やっぱり半端ではない寒さだ。それでも冬の北海道でしか出来ないこと、どうしてもやりたいことがあった。冬の旬は厳しい寒さの中にこそある。犬ぞりだ。意を決して行かなければ一生やる機会はないだろう。そして温泉。冬本番の北海道ならではの湯を味わいたい。

相変わらず旅初日の予定は何も決めていなかったが、帯広駅行きのバスにとりあえず乗り込んだ。空港からはこの路線しかないのだ。

山も道も建物もすべてが真っ白。見渡す限りの銀世界をバスは北へ北へ進んだ。40分弱で帯広駅バスターミナルに到着。降車し、なにはともあれで観光案内所へ。まずは旅の準備として腹ごしらえをしたい。

聞けば帯広では豚丼が名物だそうだ。地元ではカレーライスに並ぶ定番食で、町おこしに一役も二役も買っているらしい。食べさせてくれるお店が市内に200軒もあると聞いて、僕はとりあえず町へ出ることにした。歩きながら地元の人に聞いてみるのが一番だ。

教えていただいた店まで徒歩で15分。ちょっとあるが、美味しいもののためなら行くしかあるまい。他にも飲食店はあったが、もう豚丼以外受け付けない胃腸に仕上がっていたし、せっかくだから地元の方が通うお店にどうしても行きたかった。

『ぶた丼のとん田』。店外は行列。店内は満席。地元でも大人気の店のようだ。

注文したバラぶた丼はすごいボリューム。ライスを大盛にしたのだが、豚肉が何層にも重なっていて、まるで蓋をしているよう。ご飯が全然見えない。思い切りがっついた。

んー、ほら！　もうわかるでしょ！　ん旨い！

畜産業が盛んな十勝産の上質な豚肉は柔らかかった。それぞれの店がタレの味を競っているらしいが、ここのタレは甘め。いや、本当に美味しかった。

吸い寄せられるように入った宿が大当たり

腹が満たされると服を脱ぎたくなるのが温泉俳優の習性だ。僕は観光案

内所で薦められた糠平《ぬかびら》温泉郷へ向かった。

バスを乗り継ぎ乗り継ぎ、『十勝糠平源泉郷営業所』というバス停に着いたのはすっかり日没。陽が沈み、より厳しさを増した北海道の寒さが旅人に堪えた。マイナス10度の中、知らない町を歩き回る。温泉郷には着いたものの、今宵の宿はまだ決まっていなかったのだ。しかし厳寒の地を歩くにも限界があった。あぁ、昼間の内にどこか予約をとっておけばよかった。もう寒さが凌げるならどこでもいい……。

露天風呂と書かれた木製看板に吸い寄せられるように入ったのは『糠平温泉　中村屋』。幸いにも空室があった。正直、ここがどんな宿であっても良かった。平凡な温泉に、当たり障りのない夕食だったとしても。この旅のメインは犬ぞり。明日は犬ぞりのあとに温泉も行くつもりだし。今夜は布団さえあればいい。

ところが、だ。僕の諦めに近い予想は次々と裏切られていった。柱時計や足踏みミシンが置かれた昭和レトロな雰囲気のロビーに始まり、廊下から僕の泊まることになった部屋、食堂に至るまで、すべて木材の温かさと手作り感に溢れていて、素朴でお洒落なのだ。聞けば館内の内装はすべて、社長さんと三代目である婿養子さんによる手作り。古民家から集めた木材をふんだんに利用してリノベーションしたという。清潔感があり、とても落ち着く空間なのだ。

断っておくが、手作りといっても杜撰な感じは一切ない。三代目は「趣味の日曜大工」と謙遜するが、完全にプロの内装仕事の仕上がりだった。サプライズはまだまだ続いた。露天風呂も手作りだったのだ。余計な装飾を廃し、木材と石と最低限の照明によって屋外の良さが完璧に演出されていた。

どこですか、ここ？　き、気持ちいい～！！！

適温。癖のないお湯。もう全部がちょうどいい。

夕食は暖炉の火を背にカントリー調の食堂で。三代目の奥様の創作料理がズラリ。どれも十勝の食材を活かしたものだ。『インカのめざめ』という品種のじゃがいもを使ったポテトサラダ、牛乳と丸麦の茶わん蒸し、自家製ベーコンのグラタン……化学調味料を一切使っていないヘルシーで美味しい品々。なんでもいいや、と偶然入った宿。大当たりだった。

強い絆で結ばれた愛の走り

翌朝。僕は朝早く宿を発った。昨日予約しておいた犬ぞりに、始発バスに乗らないと間に合わないからだ。

バスを乗り継ぎ、西へ向かった。僕はバスの中ではたいてい寝癖がつくほど熟睡している。特にご飯を食べた後なんかは、バス特有の揺れが眠りを誘うのだ。ハッと目を覚まして思う。これ、カメラ回ってるんだよな。一応、仕事なんだよな。でも、数分すればもう忘れている。

バスの中で眠ってしまう理由は、満腹感以外にもある。僕はたいてい宿で眠れないのだ。「明日どうなるんだろう」と考えると、ワクワクしてしまって目が冴えてしまうからだ。それで寝不足になって、バスの中でオチてしまう。この日も熟睡しているうちに空が白んで、鹿追町へ着いた。お邪魔したのは大雪山国立公園の山麓で本格的な犬ぞりツアーを提供する『マッシング・ワークス』。犬ぞり使いのことをマッシャーというそうだ。犬ぞり体験が出来る施設は道内には5か所、十勝ではここだけだ。

代表の滝田武志さんによれば、今朝の気温はマイナス25度。もう寒いなんてもんじゃない。外気に触れる顔面が痛かった。そんな中でも犬たちは元気いっぱい。23頭の犬たちが吠えながら「お前は誰だ」という感じで旅人を観察している。ハスキーとポインターのミックス犬、アラスカンハスキーという犬種だそうだ。

「自己紹介をしましょう」

滝田さんに言われ、僕は犬の前で屈んだ。まずは目を合わさず、僕の匂いを嗅いでもらうのだ。犬は嗅覚で相手を把握する。クンクンクン。ひとしきり嗅ぎ終わると、今度は目を合わせて触れ合う。頭と体を撫でると、僕の胸に顔を埋めてくれた。どうやら僕というストレンジャーを受け入れてくれたようだ。

「良かったです。これはいい走りをしますよ」

滝田さんによれば、信頼関係と相性が何より大切なんだそうだ。

自己紹介が終わった後、滝田さんは犬たちとスキンシップを始めた。個々の体調や力のバランス、配置を考え抜いて、その日のレギュラーメンバーを選び出すのだ。23頭の中から8頭。犬たちはみんな走りたくて、主人に立候補しているようだ。

犬たちと滝田さんのお互いを見つめ合う目が印象的だった。厳寒の地で毎日毎日、23頭もの犬を育てていく。好きなだけでは出来ないことだ。愛情がなければ絶対に出来ないし、愛情があっても大変だ。絶大な愛情を注いでいるからこそ、犬たちも滝田さんを信頼するのだろう。その結びつきの強さは、初めて訪れた僕にもわかった。

チームが編成され、ハーネスが付けられた瞬間、犬たちが次々に吠え、空に向かって前足を振り上げた。やる気満々だ。

滝田さんと僕を乗せたそりを、8頭の犬たちがぐいぐいと力強く引っ張り、走り出した。十勝平野の白銀世界を、犬と人間がチームになって駆けていく。スピードは時速40キロ。かなり速いが、何も遮るもののない白銀世界だから恐怖はない。ひたすら楽しい。そしてそのスピードは、滝田さんが犬の様子をつぶさに観察できる速度域の限界でもあるらしい。

途中、操作に慣れた僕がメインドライバーに交代することになった。犬たちは火照った体を冷やすために雪を浴びたり、食べたりしている。

再び走り出した。犬たちの背中を見つめながら、左右へ重心を傾けると犬たちがそれを感じ取ってカーブしてくれる。犬たちとの一体感を感じる。感動的な楽しさ。雪原を10キロ。1時間はあっという間だった。

走り終えると、僕は跪いて犬たちと同じ目線になった。楽しかったよ。ありがとう。しばらく顔を舐められるままにした。

♨大変さに比例してご褒美は大きくなる

昼ご飯は滝田さんがお薦めの蕎麦屋さんに連れて行ってくださった。『手打ちそば処　大雪』。温かい付けダレで鶏ごぼうそばをいただく。

あらー、美味しなぁ、うまいなぁ、これ。

凍えた体に温そばが沁みた。太くて黒い、昔ながらの田舎そばはボリュームも満点。運動の後に最高の昼食だった。

犬ぞりで体を動かし、地元の蕎麦に舌鼓を打ったら、次にやることはもうひとつしかない。滝田さんにお薦めされた温泉へ向かうため、然別湖《しかりべつ》方面行きのバスに乗った。標高300メートルの鹿追町から800メートル地点へ、バスが力強く雪道を駆けあがった。目指すは氷上の露天風呂。氷の上の露天風呂？　滝田さんに薦められ面白そうだと即決したのだが、全然想像がつかない。

大雪山国立公園内、然別湖に到着した。なんだこれは……。凍った湖の上に氷で作られた建造物が立ち並んでいるではないか。雪まつりのような作品ではない。建物を人が出たり入ったりしている。あくまで実用的な、そう氷のアミューズメントパークといった感じだ。

これは『しかりべつ湖コタン』という真冬の約2カ月間だけ現れる雪と氷でできた村。コタンは、アイヌ語で村を意味する。道内で最も標高の高い然別湖は、冬の日中気温がマイナス5～10度、夜はマイナス15～20度くらいになる極寒の地。湖がガチガチに凍るため、期間限定の村が生まれるのだ。さすがは北海道。スケールと発想が違う。

村には、アイスバー、アイスチャペル、アイスロッジなど様々な施設がある。僕はアイスバーを楽しんでみたかったのだが、寒くてそれどころではなかった。息を吸うと肺が痛いのだ。一秒でも早く熱い湯に体を沈めたかった。

期間限定世界で唯一の氷上露天風呂

僕は氷上に立ち上る湯気に吸い寄せられていった。雪と氷で作られた露天風呂のドームは湯船こそ見えないが、こんな場所にという、その何とも不釣り合いな存在感は温泉心を大いにくすぐった。脱衣スペースも氷で作られているその徹底ぶりは、世界唯一の氷上露天風呂の名に相応しい。

しかも氷結した湖の上にある絶景の露天風呂はなんと無料。湖畔にある源泉から湯を汲み上げ、特設したパイプを伝って氷上の湯船に注がれている。源泉かけ流し。ちゃんとした温泉だ。

ブルブル震えながら服を脱ぎ、氷の階段を駆け上がった。青みがかった茶褐色の湯が、早くおいでと僕を手招きする。いざ入湯。いただきます！

あれ、深い。あーくぅうーあー、これいいお湯だ！

身体が冷え切っていたため、全身がビリビリ痺れた。少しずつ体が慣れてくると、42~43度にキープされた湯が最高の防寒着となって僕を包み込む。あぁ、もう外へ出ることができない。最高だ。ツンデレだ。冷たくされて温かくされると、もう温泉の言いなりだ。しかも目の前には、広大な純白の世界と化した湖の期間限定の聖なる姿…。至極という名の露天風呂は無限の静寂に包まれながら、温泉愛に秀でた者だけを優しく迎えてくれた。

厳寒の地、北海道。氷点下の世界で宿を探して歩き回り、犬たちと駆け抜けた。辛さや苦労があるからこそ、思い出として強烈に刻み込まれる。追い込まれれば追い込まれるほど、それを脱した時の喜びはデカい。辛ければ辛いほど快楽指数が上がるのだ。大変な思いをすればするほど、温泉というご褒美は大きくなる。僕はこの現象のことを〝返し〟と呼んでいる。

返し……温泉俳優の心身に蓄積した疲労のバロメーター。心身の疲労感に比例して温泉の気持ち良さが増す現象のこと。「返しが溜まる」「返しがすごい」「返ってきた」などと使う。（出典：龍辞泉）

旅は楽しい修行だ。でも、こんなに楽しい修行ならずっと続けていきたい。

ぬかびら温泉

1919(大正8)年に大雪山の原生林のなかで発見された温泉。「ぬかびら」とはアイヌ語で「人の形をした岩」という意味。

「糠平温泉　中村屋」

住 北海道河東郡上士幌町ぬかびら源泉郷

「しかりべつ湖コタン　氷上露天風呂」

冬季限定、湖の上に露天風呂が出現する、世界でもたった1つの露天風呂。然別湖の温泉水を引いている本物の温泉。

住 北海道河東郡鹿追町然別湖

旅する気持ちに鍵はかけられない

熊本県阿蘇郡南小国町「満願寺温泉　川湯」
大分県日田市琴平町「琴平温泉」
福岡県久留米市「田園温泉」

♨温泉道に入るきっかけとなった川湯再訪

この旅は『春の九州縦断500キロ！　3時間特別編』と題し、清水良太郎君と僕がリレーで九州縦断を敢行するという企画だった。清水君が鹿児島から熊本。僕が熊本から佐賀へ向かって九州を北上していくというもの。決まりはこれだけで、僕がどこをどう経由し、どんな道草をするのかは自由だ。僕は九州が好きだ。裸になりやすい。いや、表現がおかしかった。訂正する。九州は僕を裸にさせてくれるのだ。

阿蘇くまもと空港をスタートした僕は西へ向かった。九州縦断だから北上すべきなのだが、いきなりの道草。というのも熊本に来た以上、僕はどうしても訪れたい場所があったのだ。

空港からバスで1時間30分。降車したのは『満願寺入口』というバス停だ。ここまで読み進んでいただいた方ならピンと来たかもしれない。そう、目隠しも何もない〝日本一恥ずかしい露天風呂〟と呼ばれる川湯の里だ。

2年前。僕が温泉俳優を名乗るきっかけになった原点。県道や民家から丸見え状態ですっぽんぽんになり飛び込んだ川湯。川湯の目の前にある『旅館　静泉荘』のおばあさんに薦められ、お尻丸出しで石段を登り、川沿いを駆けた……。僕が温泉道に入ることになったきっかけであり原点だ。この湯を経験したことで僕は完全に〝ワイルド湯癖〟がついたのだ。

掛け替えのない思い出の地を再訪し、おばあさんに会いたかった。ところが旅館の扉が閉まっている。留守のようだ。少ししたら戻ってくるかもしれない。僕は昼食を食べながら帰りを待つことにした。

川湯からほど近い『まんがんじ入舟』という田舎料理の店へ。ふきのとうの天ぷら、味噌仕立てのダボ汁、ごぼうと人参の炊き込みご飯、満願寺川で育まれた天然鮎の塩焼き……素材の味を活かした心のこもった料理の数々。満願寺尽くしの地元料理を堪能し、川湯へ戻った。まだお帰りになっていないようだ。出来ればおばあさんとおしゃべりしながら入りたかったが仕方がない。僕は小さな木箱に協力金200円を入れた。2年前と同じ料金。川湯は何も変わらずに僕を待っていてくれたのだ。変わったのは何の躊躇もなく服を脱ぎ捨て、あっさり全裸になった僕のほうだった。2年前、あんなに恥ずかしかったのに。僕はあれからいろんな湯を浴びたことで〝汚れてしまった〟のか。何事も初心を忘れてはならない。新鮮味を失い、小慣れてしまうのが怖い。原点回帰。もう一度あの頃の僕を取り戻そう。僕は湯船に向かって「ただいま」と呟いた。2年ぶり、いただきます。

あー、これこれ。

ぬるっとしたお湯。2年前に入湯したのは冬で、ぬるめだった。今回は春の足音が聞こえてきた3月。いい湯加減になっていた。

思い出巡りが出来て嬉しかったのだが、心残りはタイミングが悪くおばあさんに会えなかったことだ。しかし物は考えよう。会えないのもまた一興ではないか。もう一度訪れる理由になるのだから。おばあさん、また来ますからね。

♨ 旅情をかきたてる町

聖地巡礼を終えた僕は、日田市へ向かった。横断ではなく縦断がテーマなのに、スタートでいきなり西進してしまった。徐々に北上していかなければ、いつまでもゴールに辿り着かない。

日田バスターミナルに着いた。日田には以前から来てみたかった。『水戸黄門』で日田を舞台にした回があったのだが、実際には日田でロケはしていなかったのでどんなところか確かめたかったのだ。

そして日田といえば下駄。2年前に九州縦断をした際、日田へルートをとった照英君が僕にお土産で買ってくれたのが下駄だった。

観光案内所で薦められたのは豆田町。日田は江戸幕府の天領（直轄地）で、豆田町は商人の町として栄えた中心地だ。由緒ある歴史を裏付けるように、町並みは伝統的な色どりがあった。中でも目を奪われたのが、300年の歴史を持つ日田一の酒蔵『薫長酒造』だった。江戸時代当時の酒蔵をそのまま使っているのは全国的にも珍しいそうだ。

太い松材の梁が縦横に走る、重厚かつ伝統的な酒蔵の内装に圧倒されていると、意外なお酒を試飲させていただけた。『MOMO』。300年の歴史とはずいぶんギャップのある、かわいいネーミングだ。赤色酵母で作られた桃色のお酒。スパークリング感のある微発泡タイプの純米酒だ。その味はジュースのように飲みやすかった。歴史ある酒蔵で出てきたピンク色のかわいらしいお酒。道草はこれだから面白い。旅はいい意味での裏切りに会い続けることが醍醐味ともいえる。

酒蔵を後にした僕は三隈川のほとりに出た。〝水郷日田〟を象徴する川。豊かな水をたたえている。夏から秋にかけて、日田の風物詩である鵜飼いの舞台となる。美しい景色は旅情をかきたてる。これからの旅が楽しみで仕方なくなる。

僕は川べりに座って観光マップを広げ、今宵の宿を探した。日田市には日田温泉、琴平温泉、大山温泉、天ヶ瀬温泉、湯ノ釣温泉など多くの温泉どころが点在する。僕は酒蔵の方に薦められた琴平温泉に絞り込み、より魅力的な湯を提供してくれそうな宿を探した。

向かったのは『旅籠かやうさぎ』。茅葺屋根が目を引く、かつての庄屋を改築した趣ある宿だ。露天風呂付の離れに泊まったのだが、僕は宿が経営する300メートル離れた露天風呂『琴平温泉ゆめ山水』まで歩いた。観光マップにあった〝高瀬川の渓流沿いにある雑木林に囲まれた露天風呂〟という紹介記事に惹かれていたからだ。

『琴平温泉ゆめ山水』には、女性用2つ男性用2つの合わせて4つの露天風呂がある。僕は川石で囲まれた湯船が川岸との一体感を演出している『のらり湯』をいただいた。

これはいいお湯だぞ〜！　はぁ〜幸せ。

渓流のせせらぎを聞いていると、聴覚が研ぎ澄まされ、視覚を休ませたくなる。僕は薄く目を閉じて、明日からの旅に思いを馳せた。

旅する気持ちに鍵はかけられない

翌朝。日田バスセンターからバスを乗り継ぎ、甘木を経由して秋月へ向かった。昨夜、宿の方が薦めてくれたのは福岡の奥座敷、筑前の小京都と呼ばれる秋月。黒田官兵衛ゆかりの地としても名高い。

朝からあいにくの雨。濡れそぼる城下町は情緒的で美しく、里山の風景もどこか寂し気で旅心をくすぐられた。しかし、いかんせん雨が酷すぎた。僕は後にも先にも、旅であんなに降られた記憶はない。土砂降り。靴どころか靴下もびちょびちょ。寒くて寒くて震えた。

雨宿りに温かいコーヒーが飲みたい。探し回るのだが、朝早いためどこも店は営業前。心が折れかけた時、唯一開いていた店を見つけ、何の店なのかも確認せずに飛び込んだ。『ろまんの道』。

結論から言えば、たとえ門構えをちゃんと確認していたとしても何屋さんだったのかはわからなかっただろう。ここは温かいコーヒーを出してくれる喫茶店でもあり、アジアのアンティーク雑貨が店内に所狭しと陳列されている民芸品店でもあり、レンタルギャラリーでもあったのだ。

驚いたのはオーナー鹿田義弘さんの半生だった。東南アジアを中心に世界70か国以上を旅してきた方。僕など足元にも及ばない、根っからの旅人だったのだ。つまり店内の民芸品の数々は、鹿田さんが現地で買い付けたものだった。

旅について、先輩にいろいろ有難い話を伺った。

「旅する気持ちに鍵はかけられないですからね」

素敵な言葉が胸に響いた。掛け替えのない雨宿りになった。雨に感謝だ。

帰りがけ、鹿田さんは『幸福の豆　もだま』をくださった。これは南方の島やアフリカで〝幸福の豆〟とされる世界一大きな象豆を使ったアクセサリーだ。開運アイテムとして人気の商品なのだという。僕は早速リュックにぶら下げて、店を後にした。旅する気持ちに鍵はかけられない。

終点の秋月から甘木へ戻り、観光案内所で北上ルートを練った。係りの方の提案は、甘木～久留米～佐賀～玄界灘。素直に従い、まずは久留米を目指した。1時間15分のバス旅で西鉄久留米駅前に到着。再び観光案内所で今宵の宿探し。

〝天然田園温泉〟という言葉に惹かれて決めたのは『ふかほり邸』。江戸時代から続く旧家を全面リフォームした高級宿だ。森のように広大な約四千坪の敷地内に、温泉付きの5つの離れがある。〝田園〟というのは、周囲に田んぼが多いことから付いた愛称のようなものらしい。自家源泉の天然温泉だ。

これはいいお湯だ！　ぬるんぬるん。これはきもちー！

乳液のようなとろとろの湯、と宿の人がおっしゃっていた通り。湯船の中で全身を慈しみたくなる感覚だ。土砂降りの中を歩き回ったため、返しも溜まっていたのだろう。気持ち良かった。

夕食はさわら、しいたけ、たけのこの網焼きやトラフグの昆布締めなど旬のフルコース。

あー、幸せ。

ため息は幸せな時にも連発するものだ。この宿には四季折々の旬を食べに年に4回来たくなる。春は美味しかった。

今までの概念を覆された玄界灘の海の幸

翌朝。九州縦断の旅、最終日。いよいよ玄界灘を目指す。宿の方のお薦めで唐津焼で有名な唐津市を

唐津湾を一望できる
ロケーションは抜群!!

ゴールに定めた。

佐賀を経由して3時間30分のバス旅。JR唐津駅前に着くと、すぐに観光案内所へ向かった。唐津といえばイカです、と言われた瞬間に胃袋は臨戦態勢。ところがここで難題発生。イカ漁で有名な呼子《よぶこ》という漁師町と、玄界灘を望む露天風呂が、唐津駅を中心に東西正反対に位置しているというのだ。どうしたものか。悩ましい。しばらく考えたが、完璧な解決策を思いついた。両方行けばいい。

僕はまず佐賀最北の町へ向かった。呼子は別名、イカの町。港には専門店が軒を連ねていて、まさにイカ天国だ。数ある中で、僕はバスの運転手さんに薦められた『河太郎　呼子店』へ。超満席だったが諦めきれず、15分待って店内へ。店の中央の生け簀に近い席に座ることができた。

向こう側が見えるような身の透き通った活け造り。


こんな歯ごたえだったのか……


これがイカだというなら、僕は生まれて初めてイカを食べたことになる。今まで食べてきたイカは何だったのか。後にも先にもこんな美味しいイカは食べたことがない。概念を覆された。旅は妥協してはいけない。ルートを欲張った甲斐があった。

唐津駅前に戻り、玄界灘を望む露天風呂を目指した。もうすぐゴールだと思うと寂しくなる。しかし、センチメンタルな感情は絶妙なスパイスになって旅情を一層盛り上げてくれる。

浜崎駅前というバス停から、汐の香りに誘われて歩くこと10分。『唐津　網元の宿　汐湯　凪の音』という海沿いの宿に着いた。こちらで日帰り温泉をいただくのだ。

内湯からトンネルのようなアプローチを抜けると、そこに宿自慢の大展望風呂が待っていた。唐津湾を一望する露天風呂だ。

うわーうわー来た！

気持ちいい。そしてなんという眺望。旅のゴールにふさわしい湯だ。汐湯は温泉ではなく海水を温めたもの。この地方独特の湯だという。しかし通常の温泉との違いが僕にはよくわからなかった。どちらでもいい。どちらも気持ちいいのだから。肝心なのは温泉までのアプローチだ。

九州縦断の旅。会えなかった人、新しい出会い、地元の幸を堪能し、素晴らしい湯をいくつもいただけた。充実した旅を味わうと、また旅に出たくなる。無限ループだ。あぁ、旅する気持ちに鍵はかけられない。

琴平温泉

日田温泉、大山温泉、天ヶ瀬温泉、湯ノ釣温泉など、多くの温泉どころが点在する日田の奥座敷、高瀬川沿いにある温泉。

「旅籠かやうさぎ」

住 大分県日田市琴平町1529-1

「天然田園温泉　ふかほり邸」

築190年の歴史ある旧家をリノベート。広さ4千坪の敷地に、離れの客室が5室のみ。源泉かけ流し、とろとろの天然温泉が自慢の宿。

住 福岡県久留米市三潴町西牟田6552

「唐津　網元の宿　汐湯　凪の音」

目の前には唐津湾を望む抜群のロケーション。海水をろ過して沸かした「汐湯」は、別名「美人の湯」とも呼ばれ温泉よりも効果があると言われている。

住 佐賀県唐津市浜玉町浜崎1613

晩夏の夜の夢

山梨県山梨市「ほったからかし温泉」

♨ 一度は見てみたいと思っていた奇祭

毎年8月26、27日。この時点で、地元の方や訪れたことのある方はピンとくるかもしれない。『吉田の火祭り』だ。山梨県の北口本宮冨士浅間神社と諏訪神社の両社による例大祭。町中に松明を焚き上げ、富士山の噴火を鎮める祭礼だ。日本三奇祭のひとつで、国の重要無形民俗文化財に指定されている。

一度は見てみたい――。長年思い続けてきたのだが、2015年にやっとその機会に恵まれた。

JR三島駅前からバスでJR御殿場駅前へ。河口湖行きへ乗り換えるのだが、バスの待ち時間に駅前を散策してみた。

駅から10分ほど歩くと、新橋浅間神社に行き当たった。境内にある岩のそばで、地元の方がペットボトルに水を詰めている。

ここは『木の花名水』と呼ばれる水汲み場だそう。岩から溢れ出しているのは富士山の湧き水。富士山麓にはこういった水汲み場があちこちにあるという。手で掬い取り、一口いただく。あぁ、冷たくて美味しい。胃腸が喜んでいる感覚になると、僕は空腹に気付いた。火祭りは夕方。まだまだ時間はある。どこかで腹ごしらえしていこう。

駅前に戻り、バス切符売り場で美味しいお店を尋ねてみた。名水の里・忍野村で、とうもろこしが旬だという。旅先での食事は旬をいただくのが一番。早速、河口湖行きのバスに乗り込んだ。

田園風景の中を進む。車窓越しにとうもろこし農場が見える。僕に食べられるとうもろこしはどれだ。案内所で教えられたとおり、『忍野村役場前』で降車。とはいえ、店らしきものがバス停付近に見当たらないため、農協の直売所『JAクレイン忍野支店』でとうもろこしに関する情報収集をすることにした。どうやら旬のとうもろこしを食べるなら、店がないため、農家さんにお願いするしかないらしい。職員の安田さんが農家さんと話をつけてくれ、わざわざ車で乗せて行ってくださった。

訪れたのは忍野村で長年とうもろこし栽培を手掛ける天野さん。突然の訪問にも優しく応じてくださり、目の前でもぎってくれた。黄色ではない。真っ白。『ホワイトショコラ』という品種らしい。生でいただくのは初めてだ。

旨い！　なにこれ！　甘い！　旨い！　甘い！　旨い！

びっくりするほど甘い。ショコラという名称に納得だ。聞けば糖度は19度で、ぶどう並の甘さだという。そして歯ごたえがいい。シャリシャリ音がして、これならむしろ生がいい、茹でたくないと思った。とうもろこしってこんなに美味しいものだったっけ。もう一気食いだった。

天野さんによれば、忍野村はとうもろこし栽培に適した場所だという。昼間暑く、夜は寒いため、気温差でとうもろこしが甘くなるのだ。また半径300メートル以内に黄色いとうもろこしの花粉が飛んでこない場所だからこそ、ホワイトショコラを作れるのだという。

「うちは風の吹き方に恵まれているからね」

風向きもそうだが、栽培が難しい品種らしく、忍野村のとうもろこし農家の中でホワイトショコラを手掛けるのは天野さん一人だという。シーズンには全国から注文が殺到するらしい。おかげで一気に食欲に火が付いてしまった。

「美味しいお蕎麦が食べられる店はないですか?」

「このあたりはうどんですねぇ」

じゃあ、うどんにしよう。地元の方の言うことは間違いない。絶対に従うべきだ。天野さんに別れを告げ、安田さんに運転していただいて地元のうどん屋さんに向かった。『柳原うどん』で、お店のイチオシ、キャベツがのった太打ちのかけうどんをいただいた。

男らしいうどん！　すごい腰だ！

このあたりのうどんは腰の強さが特徴らしい。その昔、この地域が機織りで栄えた時代に、働く女性に代わって男性たちがうどんを打っていたという。

とうもろこしにうどん。ガソリン満タンになった僕は、いよいよこの旅のメインイベントに向かった。富士山駅行きのバスに乗り込むと、外国人観光客の姿も。拙い英語で話しかけてみると、ロンドンから〝ファイヤーフェスティバル〟を観に来たのだという。日本のみならず、海外からも見物客が訪れる奇祭が、まもなく始まろうとしていた。

♨天と地をつなぐ悠久の炎

富士山駅前で降車し、観光案内所へ。例年20万人近い観光客が押し寄せる8月26、27日。宿が心配だ。案内所の方の薦めに素直に従い、無事に『ホテル鐘山苑』の予約をとることが出来た。祭りで買い食いしようと思い、食事なしの素泊まりプランにした。

当日に宿泊予約がとれたことに案内所の方も驚いていたが、あと30分でも電話するのが遅かったらどうなっていたことか。吉田の火祭りへ行こうという方は、くれぐれも早め早めの宿の確保をお薦めする。会場となる上吉田地区へ足を踏み入れた。かつては聖地とされ、御師（富士山の参拝者を世話する人）など富士信仰に携わる者しか住むことが許されなかった由緒ある集落。町並みの向こうに富士山がそびえている。

僕は北口本宮冨士浅間神社近くの国道、通称〝富士みち〟を歩いた。富士山の吉田口登山道につながる約2キロの道のりだ。出店の準備を着々と進める人々。そして道端のあちこちに〝大松明〟と呼ばれる、見たこともないような巨大な松明が横たわっている。高さ3メートル　重さ200キロ。日没後、この大松明が道の中央に次々と立ち上げられ、点火されるのだ。

松明の数は奉納する企業の数、すなわちスポンサーの数によって決まるという。この年は90近い奉納者があり、松明も同じ数だけ立ち上げられることになっていた。

400年続く吉田の火祭りには様々な儀式があるのだが、大きく分けて〝鎮火祭〟と〝富士山神輿〟という、2つの祭りから成っている。火を焚いて富士山の噴火を治めることから、鎮火祭と呼ばれるらしい。過去に一度も火災が起きていないため、縁起のいい祭りとされている。

本祭りに当たるのは27日に行われる〝富士山神輿〟だが、観光客のお目当ては町中が火で赤く染まる26日夜の〝鎮火祭〟だ。

期待に胸を膨らませながら歩いていると、松明の土台を準備している方が「どっかで見たことあるなぁ」と話しかけてくださった。有難いことに、「温泉俳優」を名乗るようになってから、旅先で話しかけていただくことが増えたのだ。サインや握手をさせていただき、一緒に記念写真を撮ることが多いのだが、この時は違った。

地元の酒屋『なだや』三代目の深澤さんは、大松明の奉納者の一人。ご主人自ら大松明に点火するわけだが、その大役を僕に、とおっしゃってくださったのだ。恐縮したが、ありがたくお引き受けした。こんな機会はない。絶対にやってみたい。

18時30分過ぎ。夕暮れの中、大松明が立ち上げられた。お借りした法被を纏い、いよいよ点火式だ。先端に火のついた長い竹筒を持ち上げ、松明のてっぺんへ持っていく。無事に火が燃え移ると、松明から炎が立ち上った。炎が天に向かって伸びあがっていく様は〝天と地をつなぐ悠久の炎〟と謳われているらしいが、まさに荘厳。

この点火式が松明の数だけ繰り返され、数メートルおきに、通りの中央に次々と火柱が立っていく。幻想的な光景だ。

パチパチと松明が燃える音。周辺は熱い。火の粉も舞っている。時間が経つと松明が燃え進んで崩れてくる。つまり火元が下へ降りてくるから、頬がヒリヒリするほど熱かった。

大勢の人々が火の道を練り歩く。どの顔も炎で赤く染められている。夏が終わる。僕はなぜか妙に胸が熱くなった。400年もの間受け継がれてきた伝統への畏敬の念。伝統を絶やさない地元の人々の努力。火祭りを楽しむことが出来ている僕を含めたみんなの幸せ。

そして日本という国の素晴らしさと現在の平和。様々な感情が押し寄せてきて目頭が熱くなった。僕はこの幻想的な光景を一生忘れないだろう。

♨決してほったらかされていない「ほったらかし温泉」

約90本の巨大な松明が通りをあかね色に染める

翌日。前夜、待望の火祭りを経験できた僕は、この日は絶対にやりたいことがあった。もちろん温泉だ。富士山を眺めながら露天風呂に入りたい。

とはいえ、相変わらずの行き先は決まっていない旅。道草しながら地元の方々から情報収集していけば、自然に導かれるはずだ。

ホテルの方のお薦めで、笛吹市一宮というところを目指した。ぶどうの名産地だという。日本一の山のお祭りの翌日は、日本一の生産量を誇るぶどうの産地へ。

富士山駅前から甲府駅南口行きのバスに乗った。笛吹市に入ると、左右の車窓には果樹園がずらり。さぁどこで食べよう。贅沢な悩みだ。

石和温泉駅で降車。駅前の観光案内所でバス停から歩いて行ける果樹園を紹介してもらった。お邪魔したのは『豊玉園』。昭和42年開園。50年以上の歴史を持つ老舗観光農園だ。8月中旬～9月中旬が旬だという巨峰をはじめ、いろいろな品種をいただいたが、どれもしっかり甘く本当に美味しかった。極上のフルーツを堪能した僕は、農園支配人の三浦さんにお薦めの湯処を尋ねた。

「富士山が眺められる、大自然の露天がいいんですが……」

笛吹市の温泉といえば石和町。石和温泉郷のどこかを薦められるものと思い込んでいたが、違った。三浦さんが教えてくださったのは『ほったらかし温泉』。湯船から甲府盆地を一望できて、天気が良ければ遠くにそびえる富士山の姿もくっきり見えるらしい。

ほったらかし。僕をワクワクさせるネーミングだ。豊玉園を後にし、バスで笛吹市から山梨市駅へ向かった。市営バスに乗り換え走ること10分。終点のフルーツセンターで降車すると、山道に〝ほったら

かし温泉　こちら〟という看板が。矢印に従い、歩き始めた。

これがなかなか辿り着かない。あとで調べたらバス停から温泉までは1キロ。勾配のある山道を黙々と歩いた。マイカーなら温泉の専用駐車場まで一気に上がれるが、これはバス旅。終点からは徒歩しかないのだ。

20分かかって標高約670メートルの温泉へ到着。専用駐車場にはたくさんの車。賑わっている様子だ。あとで知ったが、富士山が眺められると評判を呼び、現在では県外からも入湯客が数多く訪れるらしい。

かつて管理が行き届いてない、ひなびた温泉だったために「ほったらかし温泉」と名付けられたらしいが、今はそんなことはなかった。受付などは野性味を残しつつもスタッフも常駐しており、ちゃんと管理されている。もっとも僕は本当の意味で〝ほったらかし〟の温泉をいくつか経験してきたから分かるが、ここはちゃんとした部類に入るのだ。

温泉は二種類に分かれている。1999年に完成した『こっちの湯』と2003年に完成した『あっちの湯』。それぞれに男女別の内湯と露天風呂がある。

『こっちの湯』の浴槽は木材や岩で作られており、湯温はぬるめ。『あっちの湯』は熱めで、広さは『こっちの湯』の約2倍あるとのこと。それぞれ角度は違うものの、どちらからも富士山と甲府盆地が見られるという。

入湯料800円を払い、僕は熱め&広めの『あっちの湯』へ。掛湯の時点で眺望の素晴らしさがわかる。湯船の向こうは見渡す限りの甲府盆地。残念ながら雲に隠れて富士山は見えなかったが、山々と盆地の緑、そして遮るもののない大空は、お釣りが来るほどの絶景。いざ、いただきます。

はーーーーーーーーーーーーーーー

気持ちいい。返しが溜まっていたのだ。バスの終点から近いと思い込んでいたが、山道を歩くこと20分。汗だくになって辿り着いた露天風呂。いい返しだ。爽快感が半端ではない。温泉の醍醐味は冬にあると思うが、僕は夏の温泉も好きだ。汗だくの体を洗い流してくれる爽快感は、夏ならでは。返しが大きければ大きいほど痛快な気分になる。

甲府盆地の景観を一通り楽しみ、大空の眩しさに目を閉じると、昨夜の光景が甦ってきた。火に赤く染め抜かれた町と人々。来年なのか、十年後なのか、もっと先なのかはわからないけれど、もう一度味わいたくなる幻想的な光景だった。

ほったらかし温泉

富士山を望み甲府盆地を見下ろす雄大な眺望が有名な露天温泉。浴場が「あっちの湯」と「こっちの湯」の2ヶ所に分かれている。日の出の１時間前からオープンする「あっちの湯」では、美しい日の出を眺めながらの入浴ができる。

住 山梨県山梨市矢坪1669-18

偶然はない　すべては必然

奈良県吉野郡十津川村「上湯温泉」
和歌山県田辺市「川湯温泉」
和歌山県田辺市「湯の峰温泉　つぼ湯」
和歌山県東牟婁郡那智勝浦町「南紀勝浦温泉」

日本一の長距離路線バス

奈良県橿原《かしはら》市の近鉄大和八木駅。なぜこの駅を旅の出発点に決めたのか。その理由は、今回の旅のテーマでもある。この駅前から出発するバスが、なんと〝日本一の長距離路線バス〟なのだ。

八木新宮特急バス。高速道路を利用しない一般路線バスとしては、走行距離・所要時間ともに日本一。奈良県橿原市の大和八木駅前から、終点となる和歌山県新宮市の新宮駅前まで6時間30分。１６７もの停留所を経由して、紀伊半島を縦断していくのだ。

旅先や町中で〝温泉の番組見てますよ〟と声を掛けられることが多くなり有難いことなのだが、番組名は『日本の旬を行く！　路線バスの旅』。本来の趣旨は番組名どおり、路線バスに乗って日本の旬を見つける旅の記録だ。僕が温泉が大好きで入りまくっているだけで、正確には温泉番組ではない。だから今回乗り込む〝日本一の長距離路線バス〟は、まさに番組名にぴったりなのだ。

というわけで、今回の旅はこのバスで紀伊半島を縦断し、春の熊野路を楽しむというもの。いろんな人との出会いに導かれて温泉に入ったり、旬の食材に舌鼓を打って温泉に入ったり、熊野の歴史に触れながら温泉に入ったり、温泉に入ってから温泉に入ったりするつもりだ。

人気のバスとあって、車内は混みあっていた。終点までに3回の休憩が挟まれるという。とはいえ、僕はいつどこで途中下車することやら自分でもわかっていない。旅は道草こそが醍醐味なのだし、バスは途中下車にこそ楽しみが詰まっている。

バスは1時間15分後、41番目の停留所『五條バスセンター』に停まった。ここで20分の休憩が入るという。

「このへんで面白そうなところはありますか?」

運転手さんに尋ねると、かつての宿場町である新町通りというのがあるらしい。いいな。僕はバスを降りた。20分の休憩だから、周辺を散策してバスに戻る手もあったのだが、そのまま降りてしまった。旅がスタートして早々に寄り道だ。

143棟が重要伝統的建造物群保存地区に指定されている新町通り。日本全国にかつての宿場町の風情が残る場所はあるが、ここも美しかった。中でも惹かれたのが開業300年の酒蔵『山本本家』だ。『柿ワイン』という珍しいお酒を試飲させていただいた。五條市は富有柿の名産地。しかし美味しいものの、富有柿はあまり長持ちせず、すぐに熟してしまうんだそう。そこでワイン化に乗り出したのだという。

おいしい。

飲みやすい。魚料理に合いそうだ。グラスに注がれたワインは琥珀色で美しかった。

ほろ酔いの僕は新町通りに再び繰り出した。しばらく歩いていくとまたしても気になる建造物。白い暖簾の向こうに石畳が深く続いている。築250年の町家をリフォームしたという和食レストラン『五條　源兵衛』。昼食には少し早めだったが、お腹が空いていた。完全予約制の店なのだが、開店前ということで親切に対応してくださった。

和歌山出身の店主が五條の野菜の美味しさに惚れ込んで出店したという。朝採れの地元野菜をメインにした創作料理を出してくれるレストランだ。この日はまず焼き筍をいただいた。皮を手で剥きながらかぶりつく。

………あーうまい。

しばらく言葉が出ないほど美味かった。さすが朝採れ。新鮮さそのものをいただく感じだ。続いてごぼうご飯。

香りが……あ、あ。

またしても言葉にならない。茶碗半分いただいたところで、残り半分は出汁茶漬けで。

うわー、これ、やられちゃう。

昆布をベースにした出汁が、もうめちゃくちゃに旨かった。食べ物で体が春に目覚める。僕は春を食べたのだ。最初の途中下車は美味しかった。

♨待っていた湯

13時。本日二本目となる新宮行きの特急バスがやってきた。一本目は今頃どの辺を走っているんだろう。そんなことを思いながらバスに乗り込むと満席に近い。熊野古道への観光客でいっぱいだった。

1時間30分ほど走ると、バスは『上野池』という90番目の停留所で20分間の休憩に入った。乗客のほとんどが次々にバスを降りていく。20分の間に『谷瀬の吊り橋』を楽しむためだ。全長297メートル、高さ54メートル。生活用吊り橋としては日本一の長さを誇る。なんだか今日は日本一というフレーズをよく耳にする。

バスは再び走り出し、1時間後には121番目の停留所『十津川温泉』で休憩に入った。僕はそのまま下車し、この地で今宵の宿を探すことにした。

新宮へ向かうバスを見送ると、僕はリュックからバイブルを取り出した。日本秘湯を守る会のガイドブックだ。奈良県のページを開く。掲載は2軒のみ。『湯泉地《とうせんじ》温泉 やど湯の里』と『上湯温泉 神湯荘』。いずれもここ十津川温泉近くの宿だった。

「奈良ってほんとに少ないんだよなぁ」

僕が思わず呟いた。しかも2軒となると逆に迷ってしまうのだ。何軒もある中から好みでチョイスするほうが楽だ。どうしたものか。しばらく悩むことになりそうだ。僕はスタッフに一服を申し出た。テレビカメラを止め、煙草に火をつけた。一本吸い終わるまでに答えを出そう。そう思った矢先、地元の方だろうか、一人の男性が僕たちのほうへ近づいてきて声を掛けてきた。なんとその方は2軒のうちの1軒『上湯温泉 神湯荘』の従業員さんだった。いつも特急バスの到着時間に宿泊客をピックアップするため宿の送迎バスでやってきているらしい。僕たちが降車したものの、なかなかバス停から動かないため話しかけてみた、ということだった。

もうこうなった以上、迷う必要はない。これも運命だったのだろう。送迎バスに乗り、『神湯荘』へ向かった。十津川のバス停から10分ほど走っただろうか。ただでさえ山深い十津川村のさらに奥に佇む宿に着いた。

自らの毛筆をプリントした〝一期一湯〟手ぬぐいを腰にあてがい、旅の一湯目。いざ、いただきます。

このお湯か、俺を待っていたのは……

ヌルヌルのぬめり感が、それはもう泣きたいくらい気持ち良かった。返しが溜まりに溜まっていたのだ。

実は久しぶりの温泉だったのだ。半年ぶりの旅、半年ぶりの温泉。半年も旅しないなんて、僕は干からびる寸前だったのだ。感慨もひとしおだった。

夕食は山と川の幸満載の旬づくし。脂がのったあまごの造り、味噌仕立てのボタン鍋はいずれも絶品。温泉水で炊いた温泉ご飯も、もちもちした食感で美味しかった。

♨ついにここで来たか

翌朝。十津川のバス停から〝本線〟である八木新宮特急バスに乗り込んだ。

しかし、僕はほどなくして途中下車することをあらかじめ決めていた。なぜなら昨夜、宿主からお薦めされた近露《ちかつゆ》というところへ行くためだ。

40分後。熊野本宮大社で降車。ここで近露へ行くバスに乗り換えるのだが、せっかく立派な神社へ来たのだから、お参りすることにした。１５８段の石段を登り、拝殿へ。厳かな迫力に圧倒される。僕は無宗教だが、自然に手を合わせたくなる。日本人だなぁと思う。ちなみに後で気づいたのだが、真ん中の拝殿からお参りしないといけないのに、僕は間違えて左からしてしまった。まぁ心を込めて手を合わせたから神様も許してくれるだろう。間違えたからといって怒るほど神様は心が狭くはないはずだ。

旅の安全祈願をしてバス停へ戻ったのだが、近露へ行くバスが2時間後だとわかり愕然とした。お参りも済んだし、2時間はさすがに待てない。僕は近露行きを諦め、すでにバス停に待機していた新宮行きへ本線復帰した。神湯荘のご主人、申し訳ない。

バスはしばらくすると、湯の峰温泉に差し掛かった。車窓の向こうに湯煙が見える。小さな温泉集落という感じですごく雰囲気がいい。思わず降りたくなったが、僕はすでに心に決めている温泉があった。よりワイルドな川湯がこの先で僕を待っているのだ。後ろ髪を引かれながらも、途中下車はせず初志貫徹。152番目の停留所、その名も『川湯温泉』で降車した。

和歌山県田辺市の川湯温泉は、川底から絶えず湧き出す70度以上の源泉に、熊野川の支流大塔川が混ざり合い、程良い温泉が出来上がるという場所だ。

スコップで掘れば源泉がじわじわと湧き出すのが特徴で、そこに冷たい川の水を引き込めば、自分だけのオリジナル即席露天風呂を作ることが出来るのだ。

夏は水着を着用した学生や家族連れでにぎわい、あちこちに浮輪やパラソルが広がり、大小さまざまな湯船が河原に作られるそう。冬（12月～2月）になると川の流量が減って、適温を作るのが難しくなる。そこで地元の実行委員会が15メートル×50メートル、深さ60センチほどの巨大な常設露天風呂『仙人風呂』を作ってくれるのだ。

僕が訪れたのは3月。『仙人風呂』がまだあった。更衣室もあるのだが、湯船と対岸にあるのだ。つまり服を脱いでから橋を渡って対岸の湯に向かうということになる。まぁ水着の人が多いし、それでもいいわけか。僕は水着も持っていないし、この日は先客が男性一人しかいないし、〝一期一湯〟手ぬぐいで行ってもいいよな。マナー違反じゃないよな。そんなことを考えていたら、対岸の湯から

「おーい！」

クセになるほどの開放感を味わえます

と声がした。振り返ってみると、先客のおじさんがこっちに向かって手を振っている。僕は手を振り返し、

「どこで着替えたらいいんですか?」

と尋ねてみた。すると、

「男だったらどこでもええ!」

と返ってきた。温泉俳優の魂に火が付いた。望むところだ。僕は更衣室に背を向け、河原に直行した。車両や人の行き交う道路は近かったが、マナー違反に気を付けながらささっと脱ぎ、ちゃんと〝一期一湯〟手ぬぐいで手際よく前を隠した。さぁ久しぶりに手応えのある勝負湯だ。


川底から湧く70度超の熱湯。川の水と混ざることで適温に……なっている場所となっていない場所がある。あれ、ここは熱めだな。ポイントを探る。どこだ? ここか? まだちょっと熱い。僕は川下へ移動していった。うん、ちょうどいいぞ。しかし浅瀬だ。浸かることが出来ない。僕は寝転ぶことにした。

はぁーーーーーーーーーーー

衝撃的な開放感だ。満願寺に匹敵するインパクトが、いつ現れるかと思っていたが、ついにここで来たか。何も知らない人が見たら、僕は水死体のように見えたかもしれない。温泉は奥が深い。

これだから旅は止められないのだ。僕は旅中毒。旅病に罹ってしまって、治る見込みはなさそうだ。

♨近露で見つけたもの

13時15分。川湯での勝負を終えた僕は、近露へ行ける田辺行きの龍神バスに乗り込んだ。一度は行くことを諦めたものの、やはり神湯荘のご主人がなぜ薦めたのかが気になっていたのだ。ご主人は「近露のほうは面白い」とは言ったが、具体的に何が面白い、とまでは言わなかった。突っ込んで尋ねてみればよかったのだが、まぁ僕自身が行ってみて確かめればいい話。

40分ほどで『近露王子』という停留所へ着いた。バスを降りた瞬間、僕は呆然となった。何もないのだ。建物自体も少ないし、湯煙も立っていない。ただ空は広く、ひばりの声はよく聞こえる。ふと見ると道端の木製看板に〝熊野古道〟と書いてある。え？　この何の変哲もない砂利道が世界遺産の熊野古道!?

あとで調べてわかったのだが、世界に名だたる熊野古道も、その全道程が歴史ある石畳や苔むした森の道ではない。アスファルトの一般道なんかも含まれている。そしてそんな道には熊野古道を歩く人にとっての休憩ポイントとして、食堂や喫茶店が並ぶ場所もある。つまり『近露王子』のバス停付近は〝そういう野古道〟なのだ。

この時の僕はそのことを知らないし、見渡す限り目を引くものが何も見当たらないことに呆然としていたのだ。

こういう時こそ地元の人に聞くしかない。バス停近くの商店のご主人に尋ねてみた。

「近露が面白いと聞いたんですが……どこか……」

「え？　面白いところ……？」

ご主人は苦笑しながら、道沿いの食堂や喫茶処を教えてくれた。つまり、周囲にはそれくらいしかないということだ。神湯荘のご主人は一体何が面白いと言ったのだろう？　確かにとてものどかで、心に安らぎを覚えるような場所ではある。つまり〝何もない良さがある〟ということだったのだろうか。

僕は教えてもらった食事処を訪ねてみた。古民家を改築したレストラン『小鳥の樹』。アレルギーに配慮した地元食材を使った自然派レストランだ。ちょうどお腹も空いていた。オーナーなのか、奥様なのかわからないが、女性がメニューを見せてくれた。ハンバーグを中心にいろんなものが載っている。美味しそうな予感だ。

「シェフが休みなので、ドリンクだけです……」

「……あ、そうなんですね……」

僕はこういうパターンが多いのだ。お店というのはたいてい週2日お休みのところが多いが、僕はその2日にことごとく当たるのだ。

肩を落としてレストランを出ると、近くの喫茶店に入った。軽食もある。カレーライスを注文した。いわゆるお家カレーだ。

腹ごしらえすると、僕はバス停に向かった。神湯荘のご主人がなぜ近露を面白いと言ったのかは結局わからなかった。バスが来るまで1時間もある。湯の峰温泉が気になっていた。バスの車窓から見えた小さな温泉町だ。川湯に行くことを決めていたため、後ろ髪を引かれる思いで通り過ぎたが、やっぱり行きたくなった。『旅館　あづまや』に電話をかけ、今宵の宿を確保した。その時だった。バス停のベンチに座る僕の前に、白衣の男性が現れた。さきほど不在だったレストランのシェフ。奥様から話を聞き、駆けつけてくれたのだった。

「カレー食べちゃたんですよ」

そう伝えると、シェフはすいません、と頭を下げて去っていった。しばらくして、僕はシェフを追いかけた。わざわざ来てくれたのだ。その気持ちを無下には出来ないと思った。

レストランで僕はプリンを注文した。本当はシェフの自信作『イノシシ肉のジビエハンバーグ』が食べたかったのだが、カレーでお腹がいっぱいだったのだ。残念ではあったが、プリンは美味しかった。

なんというか、ここにふさわしい味というか、素朴だけど上品な……おいしいです。

素直に感想を伝えると、シェフは笑顔になった。

レストランを出てバスに乗り込んだ。車中で僕は思っていた。どうしてカレーを食べてしまったんだろう、ではない。カレーを食べることは必要だったのだ。カレーを食べずに、すぐにバスに乗っていたらシェフには会えなかった。

カレーを食べてバスを待っていたからシェフが会いに来てくれたのだ。だからこそシェフの優しさに触れることが出来た。レストランが休みだったことも、カレーを食べたことも、すべては必要なパズルのピースだった。無意味なことは何もない。偶然はない。全部が必然のはずだ。

バスが走り出した。僕はふと車窓を見た。すると、ちょうどレストランの前を通り過ぎるタイミングだった。店頭でシェフが手を振っていた。僕の乗ったバスが通るのを、店頭でずっと待っていたのだろう。僕も手を振り返した。もう一度、近露に来よう。そして今度こそジビエハンバーグを食べよう。

僕はなぜ近露に来たのか。わかった気がした。

♨世界遺産に登録された神秘の湯

近露から40分かけて湯の峰温泉へ戻った。予約した『旅館あづまや』はバス停の目の前だった。エントランスにある黒い予約看板に〝原田様御一行〟と書かれてあった。

湯の峰温泉の開湯は1800年前。熊野詣の途中、旅人が疲れた体を癒したといわれる。『旅館あづまや』は湯の峰温泉郷で唯一の日本秘湯を守る会の会員宿だ。

僕はチェックインを済ませると、あづまやを出た。旅館の風呂はあとでじっくり味わうとして、まず入りたい温泉があった。

湯の峰温泉には『つぼ湯』『くすり湯』『公衆浴場』という3ヶ所の共同浴場がある。『つぼ湯』は熊野詣の湯垢離場《ゆごりば》として世界遺産に登録されている。浴場として登録された世界で唯一の温泉なのだ。温泉俳優としては確かめずにはいられない。

受付に行くと1時間待ちを告げられた。30分交代制だから先客が2人いるということだ。待ち時間を利用して『くすり湯』に入って弾みをつけた。

地球の神秘を感じずにはいられなかった小さな小さな世界遺産

僕の番が回ってきた。世界遺産という言葉は、さすがに期待を抱かせる。一体どんな温泉なんだ……。
まずはその外観に驚いた。小さな小屋がぽつんとあって、その中に湯船があるという。入浴中のサインとして木札を表に掛け、木扉を開けると、もう一度驚いた。湯船が小さいのだ。大人二人でも手狭に感じるほど狭い。壺のようだからつぼ湯なのか、一坪くらいしかないからつぼ湯なのか。とにかく小さいのだ。硫黄の香りは強めだ。1日に7回色が変わるといわれているのだが、僕が目にしたのは湯は青みがかった乳白色だった。
ついにこういう場所へ辿り着いたか。温泉愛が加速しているのを実感する。
いざ、入湯。

ああ……つぼだ……つぼっちゃった

足元からぷくぷくと湯が湧き出していた。狭い空間で集中力が増しているのか、地球の神秘を感じた。野趣溢れる開放感たっぷりの露天風呂が好きな僕にとって、小さな小さな世界遺産というのは、イメージを裏切られて新鮮だった。
つぼ湯を出て旅館に戻った。夕食で美熊野牛の温泉しゃぶしゃぶに舌鼓を打ち、一日の締めに旅館の内湯と露天風呂をいただいた。

ははっ……はぁーーーーーー

言葉を失うほど気持ち良かった。ここも世界遺産でいいんじゃないか。奥深さを感じたのはつぼ湯だったが、単純な気持ち良さだったら、こちらかも。

僕はつくづく温泉に育ててもらう旅人だ。すべてが教材だ。

♨今回も勝ってしまった

旅三日目の朝。最終日が来てしまった。旅人の寂しさを表すように、雨が降っていた。

宿を出て、6時55分発の〝日本一の長距離路線バス〟八木新宮特急バスに乗った。本線での紀伊半島縦断、ラストランだ。1時間15分後には、終点となる167番目のバス停『新宮駅前』に着いた。最後はやはり温泉で締めたい。地元の方に聞くと、新宮市内には温泉が少ないという。源泉数県内一を誇る那智勝浦を目指すことに決めた。海を臨む露天風呂で旅の終わりを飾れたら最高だ。

バスの出発時間まで時間があったため、土砂降りの中を世界遺産の『熊野速玉大社』へ。お参りをし、境内の『熊野神宝館』を訪ねた。南紀州の正倉院と呼ばれるだけあって、ものすごいお宝が展示されていた。徳川吉宗公奉納の『糸巻太刀』や国宝『金銀装鳥頸太刀』など、佐々木助三郎としては抜いてみたい代物がガラスケースの向こうに陳列されていた。

大社を後にして、バスに乗った。那智勝浦は生マグロの水揚げが国内屈指。至る所にマグロの文字と絵の看板が踊っていた。空腹を覚えた僕は観光案内所へ行き、満を持して尋ねた。

「蕎麦屋さんないですか？」

お薦めされたのは『十割そば　森本屋』。ここが最高だった。メニューにマグロ丼と十割そばのセットがあったのだ。地元の名物と大好物の一石二鳥。

うまっ！　しびれる旨さ！

マグロ丼の旨さは感動的だったし、十割そばもしっかり旨かった。完璧な昼食に満足した僕は、女将にお薦めの温泉を尋ねた。
「泉質なら『ホテル　なぎさや』が私は好き。景色やったら『ホテル中の島』もすてき」
泉質よりも景色をとるのだが、スマホで両方のホテルを調べてみると、船で向かう『ホテル中の島』はもちろん、車で行ける『ホテル　なぎさや』もオーシャンビューでいい感じなのだ。
どちらかに決められないまま店を出て、海沿いへ向かった。迷っていたが、僕の足は自然と桟橋へ向かい、気が付いたら船に乗り込んでいた。『ホテル中の島』だ。船で温泉に行ったことともなかったのも大きい。温泉はアプローチが何より大切なのだ。送迎船で5分ほどで到着。ホテル自慢の『紀州潮聞之湯』へ急いだ。最終湯、いただきます。

きもちーーーーーーーー！

勝浦湾を一望できる露天風呂。綺麗なホテルなのだが、硫黄の香りが強く、湯量も豊富で温泉は野趣溢れていた。いわゆるホテルのお湯ではなかった。

潮聞という名の通り打ち寄せる波音が旅情をくすぐり、雨が海面と同じように僕の顔を打った。ずっと山の中を旅して、最後に海に出る。今回も勝ってしまった。

上湯温泉

十津川温泉から西へ約5kmの上湯川上流に湧く温泉。享保年間に里人が見つけたといわれる大自然の中のしっとり落ち着いた秘湯。

「上神湯荘」

㊟奈良県吉野郡十津川村出谷220

川湯温泉

川底から絶えず70度以上の源泉が湧き出してくるため、川の水を引き込んで温度を調整すれば自分好みの露天風呂を満喫できる、全国でも珍しいユニークな温泉。

湯の峰温泉　つぼ湯

開湯1800年、日本最古の湯として知られる温泉。日によって七回も湯の色が変化するといわれている岩風呂「つぼ湯」は世界遺産に登録されている。

「旅館あづまや」

㊟和歌山県田辺市本宮町湯の峰122

南紀勝浦温泉

100以上の源泉と豊富な湧出量を誇る和歌山県を代表する温泉地。「ホテル中の島」にある、潮騒を聞きながら浸る波打ち際の露天風呂「紀州潮聞之湯」は一湯の価値あり。

「ホテル中の島」

㊟和歌山県東牟婁郡那智勝浦町大字勝浦 1179-9

初夏の北信州は完璧!!

長野県大町市「大町温泉郷」
富山県中新川郡立山町「みくりが池温泉」

♨アルプスの麓にある、日本で最も美しい村

お気づきかもしれないが、僕はいわゆる雨男。ことごとく降られる。しかしこの日の空は晴れ渡っていた。

2016年5月。僕は旅の出発点となるJR長野駅にいた。この時期にしか見られない『雪の大谷』を目指す旅。初夏の信州を満喫しながら、最終的には大町市を経由し、立山黒部アルペンルートで立山室堂をゴールとする。

駅前から扇沢方面行きの特急バスに乗り込んだ。とはいえ、立山黒部アルペンルートの出発点となる扇沢までストレートで行くわけではない。あちこち寄り道しながらだ。まだ見たことのない雪の大谷は楽しみではあるけれど、ゴールに至るまでのプロセスこそが旅の醍醐味。終わり良ければ、ならぬ途中良ければ終わりも良し、だ。

走り出して35分。小川新田で降りた。最初の寄り道が最初の停留所というのが僕らしい。何かあてが

あって降りたわけじゃない。天気も良いし、早くバスを降りて散策したかっただけだ。と、降りたはいいが僕の旅の羅針盤、観光案内所が見当たらない。バス停からすぐのところに道の駅があるから、とりあえず入るか。その時だった。僕の目は一枚の強烈な看板に釘付けになった。

〝the most beautiful village　日本で最も美しい村　小川村　にほんの里100選〟

日本で最も美しい……何が？　何を根拠に？　気になる。すごく気になる。後で知ったのだが、小川村はNPO法人『日本で最も美しい村連合』によって認定された村らしい。この時の僕はそんなことは知る由もなく、ただただ、小川村が最も美しい村とされる理由を知りたくて仕方なくなっていた。田舎で何もない、つまらない、なんて場所は日本にない。何かが必ずあるはずで、ないのではなく見つけられないだけなのだ。

僕は〝美しいの謎〟を探るべく『道の駅　おがわ』へ入った。道の駅内の直売所『さんさん市場』で話を伺った。

店員さんの口からまず出てきたのは、

「北アルプスはご覧になりましたか？」

天気も良いし、ぜひ見てほしい、近くに『アルプス展望広場』というところがあり、そこから良く見える、とのことだった。さらに、

「小松さんだったら連れて行ってくれるんじゃないかな」と、直売所の隣にある食堂の女性オーナーを

薦められた。村でも有名な世話好きの方らしい。早速、お隣の『食事処　味菜』へ顔を出してみた。

小松はま江さんは、僕の急なリクエストに、笑顔で応じてくださった。マイカーで展望広場へ連れて行ってくれるという。ほらほら、こうして旅が始まるのだ。知らない村に降り立ち、まっすぐな道と緑と少しの民家、大丈夫だろうかなんて心配は無用なのだ。日本中どこでも必ず何かがあり、面白くて、優しくて、いろんな人がいるものだ。

なんて偉そうに語ってしまったが、オーナーとはいえ仕事中の方を外へ連れ出す。なんという図々しさ。道の駅から車で20分。アルプス展望広場へ連れてきてもらった。車を降り、目の前の景色に息を飲んだ。手前の青々とした山の向こうに、雪を冠した北アルプス連峰が、視界の端から端へと連なっていた。

やはり絵葉書は本物には勝てない。降り注ぐ太陽、澄み切った空気、風に運ばれる初夏の緑の匂い、そんな絶好の環境の中で、絶景が目の前に広がっているのだ。そしてこの景観こそが、日本で最も美しい村に選ばれた理由のよう。納得だ。

♨ 僕の蕎麦ランキングでも上位に入る美味しさ

北アルプスの絶景で目の保養を終えた僕は、グーグー鳴っているお腹の世話をすることにした。長野といえば蕎麦だ。僕の場合は長野じゃなくても蕎麦なんだが、長野なら絶対に蕎麦、となる。

小松さんに薦められた新行《しんぎょう》という集落に向かった。小川新田から4つ目の停留所で、20分ほどで着いた。新行は古くから蕎麦作りが盛んな小さな集落。６軒の蕎麦屋があちこちに点在していて、どれも気になる。どうしたものかと歩いていると、電信柱の手前に傾いた小さな看板を見つけた。『地粉　手打そば山品』。傾いた看板に目が合ったのだから、ここにしてみよう。

もともとは民宿だったという素朴な一軒家。夕食でふるまっていた蕎麦が評判を呼び、お蕎麦屋さんになったという。メニューを覗く前に店の壁を見渡していると、「数量限定　特製十割そば」の貼り紙。限定、十割と来たら頼むしかあるまい。

まずはつゆにつけずに、３、４本そのまますする。僕は思わず目を見開いた。


こ、これは美味しい！


新行は寒暖差が大きいため、風味の強い蕎麦ができるという。僕の蕎麦ランキングでも相当な上位に入る。いや、最高に美味しかった。

店員さんも良かった。

「ほんとに急なんだ！　急ってことないわなと思ってテレビ観てたのに！」

御年80歳の竹折さんに大笑いしながら突っ込まれた。素朴な店構え、蕎麦の美味しさ、店員さんの温かさ。僕はこの店が気に入って、のちに再訪することになる。新行には６軒の蕎麦屋さんがあり、どこも旨い気がする。もしも味が接戦なら、僕はもう一度、ここに来たいと思ったのだ。

蕎麦をいただいた後、僕は中山高原を歩いていた。『地粉　手打そば山品』でお薦めされた喫茶店を目指していた。歩いて30分といわれ、一瞬ひるんだのだが、全然苦にならなかった。真夏なら汗だくかもしれないが、初夏の涼風が心地良く、いいウォーキングになった。

北信州の山間に突如として現れたのは、白亜のお洒落な喫茶店『自家焙煎　美麻珈琲』。２００８年にオープンしたこの店には、こだわりの珈琲を求めて、県外からもリピーターが通うらしい。

店内では、店員さんが机の上に豆を広げて作業していた。その日使う豆を手作業で選別しているという。選んだ豆を店内で焙煎するのだ。炒りたて、引き立て、入れたて。すごいこだわりだ。

『美麻ブレンド』を注文する。こだわりの強い喫茶店を初めて訪れる時は、その店のオリジナルブレンドを飲んでみるに限る。

ああ、美味しい。

苦味も舌触りも、すべてがちょうどいいバランスだ。良い意味で、何かが特に主張しているのではない。すべてがバランス良く調和している。すごく完成度の高いコーヒーだった。

北アルプスの絶景を堪能し、絶品の蕎麦に舌鼓を打ち、食後に美味しいコーヒーをいただく。旅の初日、この完璧な流れを仕上げるのはそう、温泉しかない。

大町市の市街地へ行き、今宵の宿探し。信濃大町駅前の観光案内所へ飛び込んだ。「趣のある」というキーワードで伺い、お薦めされた宿へ。バスで大町温泉郷へ。バス停の名称もそのまま『大町温泉

郷』だ。訪れたのは『あずみ野河昌』。趣のある佇まいだ。大町温泉郷には13の宿があるのだが、ここは部屋数が最も少ない隠れ家的な宿。僕好みだ。

部屋に荷物を置くとすぐ、温泉へ急いだ。ヒノキ造りで雰囲気がいい。露天派の僕が珍しく内湯に惹かれた。

気持ちーーー。

待ってましたよ、この瞬間を！

内湯だが、いい。僕を待っていた湯は、いい。内湯で弾みをつけて、いよいよ露天風呂をいただく。

やっぱり、解放感が違うわーーーー。

道の駅の小松さんのご親切から、こうして湯に抱かれるまでの流れは完璧だった。思わず感謝の言葉が出た。

「感謝です。感謝。ありがとうございました！」

後日談。『あずみ野河昌』は2017年3月いっぱいで閉店してしまった。いい旅館だっただけに惜しまれる。

♨日本一高所の天然温泉「みくりが池温泉」

翌朝。特急バス『長野〜大町扇沢線』の終点、扇沢駅へ出た。いよいよここから北アルプスを貫く世界有数の山岳観光ルート『立山黒部アルペンルート』で、標高2450メートルの室堂平へ向かう。扇沢駅との標高差は1017メートル。片道1時間30分の道のりだ。

扇沢駅から最初に乗り込む交通機関は『関電トンネルトロリーバス』。全長5・4キロの関電トンネルを抜ける。闇の中を進むと〝これより富山県〟の標識。旅情が一段と高まってくる。15分で黒部ダムに到着。降車し、しばらく歩くとトンネルを抜け、かの有名な黒部ダムが現れた。想像以上にデカい。見下ろす形になるわけだが、遠近法が狂う高さ、深さだ。

「こんなのよく作ったなぁ……」

思わず呟いた。171人の殉職者を出した世紀の難工事。命を懸けて今の自分たちの生活を支えてくれた、先人に思いを馳せた。

15分ほど歩いて黒部ダムを越えると、今度は『黒部ケーブルカー』。最高斜度31度。373メートルを一気に登る。雪害防止のため全部地下トンネルになっていて、なんだかモグラになったような気分になる。

闇を抜けると一転、動く展望台と呼ばれる『立山ロープウェイ』。ワンスパン方式と呼ばれる、途中に支柱が一本もない構造だ。絶景とスリルを味わうこと7分。大観峰で降りる。ターミナルの壁にライチョウの写真が飾ってあった。僕が旅した5月は繁殖期に当たり、目撃するチャンスらしい。

大観峰からは『立山トンネルトロリーバス』に乗車。10分で室堂ターミナルに到着した。

屋上に出ると室堂平。アルペンルートの最高地点だ。そびえる立山連峰。雄大すぎて笑ってしまう。氷河が現存する山々に、しばし言葉を失う。本当に日本なのか、というスケールだ。

そしていよいよ、雪の大谷へ出た。サングラス越しにそそり立つ白壁。まるで要塞だ。もしくは巨人たちの世界の轍の中にいるような気分にもなる。雪の大谷は例年、ゴールデンウィーク前に解禁され、その頃がもっとも高いらしい。これまでの高さ最長は20メートル。僕は訪れたのは5月で少し溶け出していたわけだが、それでも圧倒的に高い。僕は観光地というものに興味がないのだが、これは凄かった。

通常の旅番組なら、ドローンで雪の大谷の遠景を映して終わりだろう。僕は旅番組のナビゲーターではなく、旅人だからこれでは終わらない。ライチョウが見たい！

中部山岳国立公園内をウロウロしてみた。特別天然記念物。めったに見られない貴重な鳥だ。ただ、この旅の僕はツイている。天気に恵まれ、人との出会い、美味しい食べ物、いい湯に恵まれた。見ることが出来るんじゃないか。いや、きっと現れてくれる！　氷河期を生き延び、神の使いと崇められてきた伝説の鳥。見てみたい！

キョロキョロしていると、一枚の看板が視界に飛び込んできた。


〝日本一高所　雲上の温泉〟

「温泉っ⁉　ライチョウいいや」

僕はあっさり、看板のある建物へ吸い込まれていった。伝説の鳥も、僕の温泉愛には勝てないのだ。

『みくりが池温泉』。秘湯を守る会の提灯もある。まさか、こんなところに温泉があるなんて。やっぱり僕の旅は温泉で締めなくちゃ。

受付に行くと、僕は尋ねた。

「ライチョウ、どこにいますか？」

やはり思い直したのだ。温泉は逃げないが、ライチョウはこの瞬間にも飛んで行ってしまうんじゃないかと。決めた。ライチョウを見てから温泉に入る！

再び表に出てキョロキョロしていると、観光客の方が「つがいでいたよ！」と教えてくださった。繁殖期だから雄雌セットで観られるというのだ。人だかりを見つけて近づいていくと、いた！　まだらの茶褐色。メスだ。目元が赤いオスもいた！　これが氷河期から変わらない姿か。わずか3メートルほど先。特別天然記念物としてしっかり守られているため、人間のことを危害を加える敵だと思っていない。

怖がっていない。だから近づいても逃げないのだ。

見たいと思っていたら本当に見ることが出来た。温泉の看板を見て、一瞬にして興味を失ってしまったが、もう一度思い直して探して良かった。

僕は満を持して、『みくりが池温泉』へ戻った。標高２４１０メートルの湯処だ。予習ゼロのため、まさかこんな場所で温泉に入ることが出来るとは思ってもみなかった。驚きは喜びを加速させる。

この旅の最終湯。じっくりいただこう。内湯のみ。木造の浴室がまたいい雰囲気だ。

まずは掛け湯だ。熱っつ！！　硫黄臭は強め。ぬるぬるしている。白濁湯だからモザイクいらずだ。

徐々に体を慣れさせ、沈んでいく。


いやー、ご褒美ですね〜。


温泉、蕎麦、絶景、そして人（ライチョウ含む）。すべてに恵まれた旅。一年分のラッキーを使い果たしたような旅だった。

初夏の北信州は完璧だ。完璧としか言いようがない。

大町温泉郷
高瀬川の渓谷にある葛温泉からの引湯で、計画的に作られ、白樺やナラ、ブナの林に囲まれた自然との調和が美しい静かな温泉地。

みくりが池温泉
中部山岳国立公園区域内にある、標高2,430mに位置する日本最高所の温泉宿。地獄谷温泉の温泉を引湯している。
住 富山県中新川郡立山町室堂平

旅は再訪

長野県北安曇郡小谷村「小谷温泉奥の湯・雨飾高原森の露天風呂」
新潟県糸魚川市「蓮華温泉」

♨気が付けば信州

2016年7月。僕はまたしても旅の出発点となるJR長野駅にいた。またしても、である。

2か月前、初夏の信州を満喫しながら、立山黒部アルペンルートで『雪の大谷』を目指す旅をしたばかりだった。

信州が好きすぎる？　答えはイエスだ。温泉、そば、フルーツ。信州は僕の好きなもので出来ている。好きなのはわかったから、もう少し時期を空けてからでもいいのでは？　答えはノーだ。実は7〜10月の季節限定でしか行けない秘湯が白馬岳にあり、このタイミングを逃すと来年以降になってしまうのだ。

長野駅前から大町・扇沢方面行きのバスに乗り込んだ。夏の信州を行く。車窓から見える緑が眩しい。雨男の頭上は珍しく快晴だ。どんな天気でもそれぞれ趣はあるが、やっぱり晴れ空に越したことはない。特に夏の旅なら夏らしく、爽快感があったほうがいい。

45分後。『小川新田』で降車した。お気づきだろうか。ここまでは前回の旅と同じルート。まさか……そのまさかだ。僕は『道の駅　おがわ』内の『食事処　味菜』へ入った。

鳩が豆鉄砲を食ったような顔とはこういうことだろうか。小松はま江さんはびっくりしていた。前回の旅で、お仕事中にも関わらず、僕を絶景のアルプス展望広場へ連れて行ってくださった方（正確には僕が甘えて連れて行ってもらった）。デジャブではなく、再訪だ。せっかく長野に来たのだから、お会いしたかった。小松さんはまたしても、アポなしで突然現れた旅人に良くしてくださった。小川村発祥といわれている信州名物のおやきをすすめてくれた。おやきは旬の食材をふんだんに使う。例えば夏は長なすよりも丸なす、といった具合だ。


うんまーい！


もっちりした皮に包まれた信州の旬。美味しかった。

小松さんに別れを告げ、僕は〝日本で最も美しい村〟を散策した。バスが来るまでまだ時間がある。田園風景の中をゆっくり歩いていると、道端で農作業中のおばあさんに会った。

「ちょっと行ったところに、ひまわりがあるよ」

と教えてくれた。何でも民家の軒先に高く育ったひまわりが咲いているという。行ってみよう。なんなら民家の方にお話を伺ってみてもいい。おばあさんに言われたとおりに進んでいくと、あった。2・5メートル、いや3メートルありそうな高い高いひまわり。たくさん花をつけて太陽に向かって伸びあがっている。残念ながら家の方は留守だったのだが、夏の信州でいいものを見せてもらった。まるで一枚の絵のような光景だった。

バスの時間が迫っている。僕はひまわりを目に焼き付けて元来た道を戻った。さきほどのおばあさんがまだ道端の木陰で休んでいた。

「ひまわりありましたよ！　お家の方は留守でしたけど」

「そりゃそうよ。だって私の家だもん」

楽しい旅になりそうだ。

♨ブルーベリーとほおずきと神童と

小川町を出た僕はバスを乗り継ぎ、スキーリゾートで有名な白馬村へ向かった。ＪＲ白馬駅の観光案内所で旬を尋ねると、観光農園を薦められた。

訪れたのはブルーベリーの摘み取り体験ができる『丸福白馬観光農園』。出荷の最盛期らしい。

長野はブルーベリーの栽培面積が日本一。中でも標高の高い白馬村は栽培に適した土地だという。

籠を一つ貸してもらって畑に出た。好きなだけ摘んで食べていいという。一年分食べてやろうと思った。黒みがかった大ぶりの実が熟していて食べ頃らしい。狙いを定めて摘み取り、籠を経由せずにそのまま口に放り込んだ。

うまい！　ああ！　おいしい！

程よい酸味と甘さ。甘すぎるものはたくさん食べられないが、これはずっと食べたくなる。その後も僕は籠に実を入れることなく、口に直接放り込んでいった。15個も食べただろうか。思いのほか食べられなかった。

白馬村は数年前から食用ほおずきの栽培にも力を入れているらしい。農園の方が、平瀬さんという農家さんを紹介してくださった。ほおずきって食べられるのか？　僕の知識はそこまで。平瀬さんによれば、食用ほおずきはヨーロッパでは家庭料理の食材としてポピュラーらしいが、日本で手掛ける農家は少ないらしい。白馬村では5年前から地域おこしの一環で始めたのだが、生産者は平瀬さんを含めてたったの5人だという。これはレアな機会だ。食べてみたい！

「収穫は来月なんですよ…」

これればかりは仕方がない。トーンダウンした僕に、平瀬さんは近所のカフェを紹介してくれた。ほおずきのジュースなど加工品が食べられるという。

訪れたのは『古民家カフェ　かっぱ亭』。その名の通り築100年の古民家をリフォームした、おしゃれなカフェだ。ほおずきジュースを注文してみた。

うまい！

パッションフルーツなど、南国系フルーツの味と似ている。続いて店主さんがスプレットという、クリームチーズとほおずきを和えたものを試食させてくださった。

うわっ！　うんまい！　おいしいこれ！　おいしい！

パンに塗って食べたら病み付きになると思う。ブルーベリーとほおずき。信州の美味を堪能した僕は白馬駅に戻り、バスに乗り込んだ。乗り継ぎしながら今宵の宿へと向かうのだ。

途中、南小谷村で村営バスに乗り換えると、車内には下校途中の地元の小学生たちがいた。

通路を挟んで2、3年生くらいの男の子の横に座った。テレビカメラとテレビで見たことのある人に興味津々の様子。学校楽しい？　なんて他愛のない話をしていると「オナラしちゃった」と突然のカミングアウト。素直な子だ。黙っておけばいいのに。男の子は照れ笑いをして「オナラしたところだけは使わないでほしい」と訴えた。安心してくれ。オンエアはもちろん、こうして本にも載っている。しばらくすると男の子が言った。「またオナラしちゃった」。

未知の食べ物に触れ、神童に出会う。なんて平和で楽しい旅路だろう。これで温泉に入れば、旅の初日はコンプリートだ。

♨ 聖地巡礼 原点回帰

神童に出会った南小谷村から50分。『山田旅館前』という停留所に到着すると、今宵の宿の送迎バス

に乗り換えた。山道をしばらく進み、やがて宿が見えてきた。普通はこのまま宿へ行き、チェックインするのだが、僕は運転手さんにわがままを言った。チェックインする前に、ホテルから徒歩3分ほどの露天風呂に先に入りたい、と。もう我慢できなかったのだ。

　宿の手前で降ろしてもらい、僕は露天風呂へ急いだ。懐かしい山道を行く。ブナ林の中、岩場に囲まれた露天風呂が姿を現した。『雨飾高原　森の露天風呂』。僕の温泉デビューの地、原点だ。

　遡ること4年前。「ぶっつけ本番！　ローカル線バスの旅～初秋の北信州をゆく～」という2時間スペシャル番組で、僕は大先輩・三波豊和さんと旅を御一緒させていただいた。三波さんが慣習通りにバスタオル巻きで湯船に入る横で、僕は葉っぱで前を隠して入湯したのだ。テレビカメラが回っているにも関わらず、あまりの開放感にチャクラが開き、温泉愛に目覚めた瞬間。以降、僕はバスタオルを巻いて入湯することはなくなった。

　僕にとって聖地ともいえる露天風呂への再訪。感動していた。服をさっと脱ぎ捨てる。葉っぱではなく、一期一湯手ぬぐいを前にあてがう。ただいま。

ああああああああああああああああああああああああ

屋根も囲いもない。ブナ林いや、緑色の地球の恵みに抱かれて……あれ、熱いな。こんなに熱かったっけ。

聖地巡礼、原点回帰を終えた僕は『雨飾荘』に遅まきながらチェックイン。4年前は日帰りだったから、泊まってみたかったのだ。

夕食は信州産の食材を生かした懐石料理。安曇野産のわさびを自分で摺り、岩魚の姿造りをいただく。

うわ！　おいしい！

続いて信州プレミアム牛の鉄板焼き。

クックックックック。

あまりの美味しさに頭を抱えて笑ってしまった。

『雨飾高原　森の露天風呂』。僕の原点はあの頃のまま、僕を待っていてくれた。これで旅を終えてもいいくらい充実した気持ちだったが、明日はまた新たな湯が僕を待ってくれている。

♨人生、曇りのち晴れ

翌朝。宿主のお薦めで『松井養豚場』へお邪魔した。小谷村では毎年夏、ブランド豚である小谷野豚を放牧しているという。拓かれた山中で、豚たちが耳と尻尾を振り乱して走り回っていた。こうすることで身が引き締まり、脂の臭みが消えるらしい。小谷村の夏の風物詩だそうだ。

生産者の松井康彦さんにご自宅に招いていただき、自家製ベーコンを御馳走になった。

めちゃくちゃうまい！

ベーコンに舌鼓を打ちながら、僕は松井さんと話し込んだ。16年前に横浜から小谷村へ移住し、養豚業を始めたという。5年前に奥様に先立たれ、現在は一人暮らし。愛する人の死を乗り越えた松井さんは、人の痛みがわかるすごく優しい方だった。人恋しさだろうか、おこがましいけれど、僕の来訪を喜んでくださった気がする。寂しさを知っている人は人に優しくなれる。もしももう一泊できたなら、泊めていただきたかった。ゆっくり酒を酌み交わしながら、男二人、いろんな話を伺いたかった。

平地がなく、山肌に人々が暮らしている〝日本のチベット〟小谷村。日本のいろんな場所に、いろんな人がいて、いろんな人生があるものだ。

蓮華温泉には2018年秋に再訪し、『黄金の湯』をいただきました。あいにくその日も雨でしたが…

松井さんに別れを告げた僕は、新潟県糸魚川市に向かうバスに乗った。平岩駅で、バスを乗り換える。『白馬岳登山バス（蓮華線）』。このバスが、僕を旅の最終地点へと連れて行ってくれるのだ。

標高1500メートルを駆け上がる。いくつものカーブを曲がると、バスは雲の中に入った。

1時間後。やって来たのは『白馬岳蓮華温泉ロッジ』。ここの雲上の秘湯と呼ばれる露天風呂が、今回の旅のゴールだ。

ここは冬季、雪で閉ざされ、車両通行が禁止される。白馬岳登山バスは7～10月の期間限定運行。つまり、夏の間にしか行けない季節限定の秘湯なのだ。

白馬岳蓮華温泉ロッジには内湯のほか4つの露天風呂があり、それぞれロッジから山道を5～10分歩いた場所に点在している。一人しか入れないくらい小さな『三国一の湯』、最も高所にある岩風呂『薬師湯』、お湯が柔らかいといわれる『黄金湯』。僕が登山客のお薦めで選んだのが、一番湯船が広い男女混浴の『仙気の湯』だ。

霧の中、山道を歩くこと15分。視界が広がり、ごつごつした山肌に掘られた湯船だけのシンプルな露天風呂に着いた。脱衣所はない。その場で服を脱ぎ捨て、いざ、いただきます。

はあああああああーはああああああああ!

晴れていれば北アルプス連峰の絶景が見渡せる雲上の秘湯。しかしこの日は見渡す限りの霧。雲中の秘湯だ。でもかえって視界を奪われたことで、湯に集中できるじゃないか。ほら、体に染み渡るいいお湯だ。

人生も温泉もいろんな天気がある。解釈次第で楽しめる。再訪する時には晴れるかもしれない。

「雨飾荘」
住 長野県北安曇郡小谷村中土18926-1

蓮華温泉
「白馬岳蓮華温泉ロッジ」だけが営業している一軒宿の秘湯。内湯のほか、泉質の異なる四つの露天風呂がある。
「白馬岳蓮華温泉ロッジ」
住 新潟県糸魚川市大所991

雨のち晴れ

長野県松本市「白骨温泉」
岐阜県大野郡白川村「平瀬温泉」
岐阜県高山市「平湯温泉」
富山県氷見市「岩井戸温泉」

♨どしゃぶりの上高地

2016年9月末。残暑厳しい折、僕は涼を求めて旅に出た。〝本州で最も早い紅葉〟を求め、信州を巡る旅だ。長野県から岐阜県、最終的には富山県へ向かい、日本海を望む露天風呂で締めたい。

旅の出発点は〝アルプスの城下町〟と呼ばれる松本市から。JR松本駅前をスタートした僕は、まずは上高地を目指した。いわずもがなの信州の観光名所。毎年150万人以上が訪れる山岳景勝地だ。観光地に興味のない僕だが、緑豊かな自然を愛する旅人として、一度は行っておかなければならない場所。朝からあいにくの雨だったが、これがのちに恵みの雨となった。

松本駅から約30分で『新島々』というバス停に到着。ここで上高地行きに乗り換えるのだが、露店が目に入った。信州ならではの、りんごの直売所だ。

「1万5400円になります。ありがとうございました〜」

直売所で聞くには大きすぎる金額。驚いて購入したおじさんに尋ねると、毎年息子さんたちへ送るために大量購入するんだそう。シナノスイートという品種を大人買いしたという。確かめずにはいられない。ひとつ買って、その場でかじりついてみた。

甘〜い！　旨い！！！

これはまとめ買いもしたくなるクオリティ。びっくりするほど美味しかった。こういう道草は本当に楽しい。

バスで走ること1時間。上高地の入口『大正池』に着いた。晴れていれば穂高連峰が水面に美しく映るという。この日は朝からあいにくの雨。しかも土砂降りだった。しかし僕には恵みの雨だった。観光客が全然いないのだ。全国にその名が轟く一級観光地を独り占め。こんな贅沢はないだろう。森の緑、川のせせらぎ、田代池……上高地の大自然が恵みの雨で潤いを帯び、生き生きと輝いていたのだ。自然が喜んでいると、僕も嬉しくなる。なんという贅沢な時間。旅はつくづく解釈次第だ。不運の雨ととるか、恵みの雨ととるかで全く違う旅になる。

1時間ほど歩き『河童橋』へ到着した。橋のたもとにある『上高地ホテル白樺荘　レストラン小梨』で遅めの昼食。トマトカレーをいただいた。実は松本市は加工用トマトの生産量が日本一らしい。気になる味はトマトの甘味とスパイスのピリッとした辛さ。絶妙なバランスだった。

カレーを堪能して時計を見ると15時。そろそろ今宵の宿を確保しないといけない時間。

実は朝、松本駅前バスターミナルの観光案内所で、気になる温泉を見つけていた。白骨温泉《しらほね》だ。パンフレットによれば、戦国時代に開湯した信州の名湯。温泉中の石灰石が白く沈殿することから白骨の名がついた、とされている。強烈なネーミングだから名前だけは聞いていたのだが、上高地まで来たのだから行ってみたい。

僕は一日一本しかない直通バスにギリギリのタイミングで乗ることができた。ツイている。しかし慌てて乗ったため、宿を探すことも予約の電話をする時間もなかった。着いたらすぐに観光案内所へ飛び込んだ。

苔むした岩に囲まれた、趣のある円形の露天風呂

白骨一の老舗旅館を薦められ、しかも空きあり！　ツイている。良い旅路になりそうだ。送迎バスでわずか1分。２８０年の歴史を誇る立派な門構えの『白骨温泉 湯元齋藤旅館』に着いた。美しく上品な和室に通された。窓を開けると、霧に包まれた緑が情緒たっぷり。早速、記念すべき旅の一湯目をいただくことにした。

丸い湯船にたたえられた、白濁の湯。いただきます。

あ、いいですねいいですね。気持ちいい〜！

齋藤旅館の源泉は35〜45度とやや低め。先客がいなかったため、湯口から打たせ湯の如く、頭に直接浴びてみた。

雨に煙る水墨画のような景観を楽しみ、じっと湯を感じる。古来より「三日入れば三年風邪を引かない」と言い伝えられる白骨の湯。いただきました。

夕食は山間ならではの秋の味。長野県産の牛ロースと地元キノコの鍋、旬の栗ご飯……。季節が体に入ってくる旬の味を堪能させていただきました。

♨旅は解釈次第

翌朝。昨夜、宿の方に教えてもらった通りのルートを辿ることにした。まず乗鞍観光センターまで行き、畳平方面に乗り換えて、乗鞍岳の紅葉を見に行くのだ。

観光センターに着いた僕は乗り換えるバスのチケットを買うため、乗車券売り場へ。そこで一枚の貼り紙に目を疑った。〝本日は雨量規制で乗鞍スカイラインが通行止めのため運休です〟


えええええええええええええええ！


券売所の方はタクシーだったら行けますよ、と教えてくれたが、これはバス旅。紅葉は泣く泣く諦めた。

きっと行かなくていい理由があったのだ。旅の神様がストップをかけて「もっと楽しい場所があるから紅葉はカットしました」と言っている気がした。

さてさてどうする。時刻表を眺めていたら〝温泉〟の文字が飛び込んできた。そうそうそう。やはり温泉だ。僕は紅葉俳優ではなく、温泉俳優なのだ。

早速バスで向かうこと30分。奥飛騨温泉郷のひとつ、平湯温泉に到着した頃には雨も上がっていた。ほら、天気も僕の味方だ。紅葉を見に行かなかったのは、この温泉地に来るためだったのだ。

観光案内所でお薦めされた温泉も気になったが、僕は一枚の壁のポスターにどうしても目を奪われた。なんと博物館の中に露天風呂があるのだという。なんだそれは？　興味をそそられまくるじゃないか。

観光案内所からしばらく歩くと、茅葺屋根の『平湯民俗館』が見えてきた。ワクワクが止まらない。僕は旅の神様に感謝した。紅葉にストップをかけていただき、ありがとうございます。おかげでこんな面白そうな温泉に辿り着きました。入口の看板に目をやると〝只今露天風呂清掃中〟の貼り紙。


そんなバカなーーーーーーーーーーーーーーーーーー！


清掃を手伝ってもいいから入りたかった。

僕は、とぼとぼ歩き出した。やってきたのは観光案内所で薦められた『平湯温泉 ひらゆの森』。受付を済ませ、露天風呂へ向かう僕の背後で、フロントの方の声がした。

「ほんとにアポなしなんだ〜」

そうなんです。僕は旅番組のナビゲーターじゃなくて、ガチの旅人なんです。しかも事前に予約することなく、行き当たりばったりの旅をしているので、二回立て続けにフラれることもあるんですよ……。

『平湯温泉 ひらゆの森』は1万5000坪の広大な敷地に、男女合わせて16ヶ所の露天風呂がある。

ファミリーで楽しめる巨大温泉施設だ。秘湯露天をこよなく愛する僕の好みとは対極にある。悪いと言っているのではない。好みの問題だ。みんなでワイワイ楽しむ温泉も時にはいいが、僕は一人でしっぽり自然の恵みを噛みしめるような湯が好きだ。だから正直言って、期待はしていなかった。ところが、これが良かった。先客のおじさんたちに「番組観てるよ」と温かく迎え入れてもらった。

はーーーーーきもちーーーーー！

湯量豊富で熱めの湯が、傷心の僕を包み込んでくれた。湯を出てもしばらく汗が止まらない、芯から温まるいい湯だった。

この湯を知ることが出来たのも一重に、バスが運休して紅葉を観に行けなかったおかげであり、民俗館の露天風呂が清掃中で入れなかったおかげだ。二連敗を食らったことで返しがマックスに達し、気持ち良い湯に繋がったわけだ。結果良ければすべて良し。僕は気を持ち直してバスに乗り込んだ。

♨ 旅先の邂逅

平湯温泉から1時間。『古い町並口』という名のバス停で降りた。僕が以前から憧れていた高山市の、歴史風情に溢れた町並みだ。

〝飛騨の小京都〟と呼ばれる上三之町。出格子、造り酒屋の軒先に飾られた、杉の葉を玉にした〝酒ばやし〟、老舗の暖簾。こうした古き良き日本の伝統建築が残るところには、美味しいものがあるに決まっている。観光案内所でお薦めの蕎麦屋を聞く。寒暖の差が激しく水が綺麗な町では、絶対に蕎麦は外せない。

高山で最古の老舗蕎麦屋『手打そば恵比寿本店』の暖簾をくぐった。なめこおろしざるを注文。

おいしいーーーーーーー！

昔ながらの蕎麦の良さ。ここまで何も食べずに我慢していた甲斐があった。

食欲に火が付いた僕は、蕎麦屋の女将さんお薦めの『匠家　安川店』へ。店の前のベンチに腰を下ろしていただいたのは『飛騨牛トロ握り』。肉寿司だ。

うんまい！　なにこれ！

2貫をペロリといくと、リミッターが外れた。『飛騨牛ステーキ串』を追加し、こちらもペロリといただいた。

高山は気ままな食べ歩きが楽しめて良い。胃に相談すると「まだ入る」と言う。ふと町中で見つけたポスターに吸い込まれた。『レストラン　ル・ミディ』というお店の『スクナカボチャ　三ツ星プリン』。

スクナカボチャは飛騨野菜のひとつで、しかもこの時期の秋が旬。店頭にカボチャの現物があったのだが、ヘチマのような形をしていてかなり大きい。黒蜜をかけ、店先でいただいた。ざらつきが一切なく、おいしさがつるんと胃に飛び込んでいった。

満腹満腹。ぶらぶらと高山駅まで歩いた。お腹が満たされると、人は服を脱ぎたくなる。観光案内所で今宵の温泉宿探しだ。平瀬温泉を薦められ、バイブル（日本秘湯を守る会ガイドブック）に掲載されていた、平瀬温泉唯一の会員宿に電話予約を速やかに入れた。二度あることは三度あるを恐れていたのだが、幸いにも空きあり。三度目の正直だった。

1時間30分ほどのバス旅で白川村の平瀬温泉に到着。予約を入れた老舗宿を探して町を歩いていると、一軒の旅館の軒先で小学4～5年生くらいの男の子が棒アイスを頬張っていた。こっちをじっと見ている。テレビで見かけたことのある人とテレビカメラとスタッフの一団に興味津々という感じだ。

「そこ、僕ん家？」

「旅館っ‼」

大声だ。腕白なんだろう。お目当ての旅館ではなかったが、僕は少年に吸い込まれるように玄関先に入った。

「テレビの人、来たぞっ‼　いとこのねーちゃん！」

少年の大声を聞いて、旅館の方が玄関先に出ていらっしゃった。僕は今宵の宿への道順を尋ねた。考えてみれば、宿に宿を聞くなんて失礼な話だ。しかし丁寧に教えてくださった。

「アイス美味しそうだな」

「あげないよっ‼」

「いいよーだ」

僕が去ろうとすると、少年は飴をひとつくれた。僕もお返しにリュックから取り出した梅のお菓子をあげた。

時間にすれば、わずか3分ほどの出来事だった。僕はもしも宿に予約と撮影依頼をしていなかったら、間違いなくこの旅館に泊まっていたと思う。この地を再訪する理由ができた。少年が大きくなっている頃だろうか、それとも来年だろうか。僕は少年に別れを告げて、歩き出した。僕はこんな、旅先での何気ない出会いが好きだ。感動的というような大袈裟なものではない。なんだかちょっと胸が温かくなるような、旅情をそそるような、ちょっとした邂逅。その機微が好きだ。

ちなみに少年の名前は坂本美羽ちゃん。腕白小僧ではなく、おてんば娘だった。

♨秋をいただく

教えていただいた道順を辿り、『平瀬温泉 旅館 藤助の湯ふじや』に着いた。創業60年の趣のある門構え。僕が泊まるのは15年前に建てられた別館だったが、築100年を越える古民家を移築したとあって、歴史の息遣いを感じる雰囲気だった。部屋には囲炉裏があった。こういう宿は大好きだ。しかし僕は部屋で落ち着くことはない。到着早々、本日の二湯目をいただくことにした。

宿自慢の露天風呂『藤助の湯』。また少し降り出した雨が、湯船に丸い波紋をいくつも作っている。

小雨の露天。味わい深い。掛湯の段階からもう気持ちいい。いただきます。

いいじゃないですか！　あああ気持ちいいーーーー！

首から下はポカポカで無敵。雨が顔を濡らす。この状態がすごくいい。雨は旅のＢＧＭだ。
夕食は郷土色豊かな秋の味覚。『ニッポン全国鍋グランプリ』を受賞したという『飛騨牛すったて鍋』をいただいた。石臼ですりつぶした大豆に、味噌や醤油をベースにした出汁から作られた郷土鍋だ。

あー、これは美味しい！！！

アツアツのご飯にのせたほおばみそ、飛騨牛と天然マイタケの陶板焼き。旨かった。昼間に高山であれだけ食べ歩きしたのに、夕食も完食してしまった。

翌朝。旅の最終日。平瀬温泉を後にし、以前から憧れていた白川郷へ。庄川にかかる『であい橋』を渡ると、合掌集落があった。
日本有数の豪雪地帯ゆえに道路の整備が遅れ、伝統的な合掌造りの民家が奇跡的に残ったのだ。１９９５年にはユネスコの世界遺産（文化遺産）に登録されているのだが、登録されようがされまいが、白川郷はずっと昔からここにあり、地域の人々の生活があった。マナーの悪い観光客が多いと聞くが、あくまでビジターは地元の方の〝生活にお邪魔している〟という感覚を忘れてはならないと思う。

茅葺の民家、黄金色の稲穂、白く可憐なそばの花、色鮮やかなコスモス。思わず写真に収めたくなる白川郷の秋。四季ごとに訪れたくなる日本の原風景に、心が洗われた。

今回も勝ってしまった

白川郷からバスで45分。昨晩、宿の女将さんに薦められた富山県南砺市の五箇山《ごかやま》へ着いた。相倉地区、菅沼地区が、白川郷と共に合掌造り集落としてユネスコの世界遺産（文化遺産）に登録された村だ。

女将さんの話では、この日はちょうど村のお祭りがあるという。『五箇山　麦屋まつり』は、南砺市平地区下梨地主神社境内で行われる秋祭りで、この地に根付く伝統民謡祭だ。村人たちが、平家の落人が都を偲んで唄ったのが始まりと伝えられる麦屋節を歌い、舞う。紋付・袴・白たすきに、腰に刀をさし、笠を手にした若衆の勇壮な舞いで、観光客を魅了する。

「伝統民謡で帯刀というのは聞いたことがないですね」

僕が興味津々に尋ねると、祭りの準備でお忙しいはずなのに、主催の方々が踊りを教えてくださった。

帯刀を常に意識しながら、笠をくるくると回し、独特の早いステップを踏む。平家の落人が起源なだけに男らしい踊りだ。こんなに激しい民謡は初めて知った。お土産に笠をいただき、僕は小さな村の勇壮な祭り会場を後にした。祭りにかける村の人たちの思い、継がれていく歴史に思いを馳せ、胸がいっぱいになった。本当に日本は広い。この瞬間にも、僕の知らない場所で、様々な思いや歴史が紡がれているのだろう。祭りの後〟という言葉があるけれど〝祭りの前〟というのも趣深いものだった。

最終湯にふさわしい、富山湾を望む露天風呂

高岡駅行きのバスに乗り、宿の女将さんお薦めの城端町へ向かった。真宗大谷派善徳寺の門前町。越中の小京都と呼ばれる美しい町並みだ。こういう古き良き場所へ来ると僕はお腹が減る。地元ならではの美味を感知するセンサーが作動するらしい。

『うなぎ南幸』という店の前で足を止めた。蕎麦にしようと思ったが、うなぎも悪くない。店頭のメニュー表には〝なんなんまぶまぶ〟という文字。へぇ変わった名前のうな重だなぁ。違う。うな重ではない。店主に詳しく伺うと、平成22年の第一回『なんとB級グルメ選手権』においてグランプリを受賞した郷土料理。ひつまぶしを南砺風にアレンジした『なんなんまぶまぶ』は、地域おこしの起爆剤として南砺市の各飲食店で作られるようになり、各店がそれぞれオリジナリティを競っているという。

この店のなんなんまぶまぶは、地元産ポークの蒲焼丼だ。最初はそのままいただき、わさびや柚子胡椒などの薬味を加え、最後は出汁をかけてかきこむ。三度味が変えられるのだ。煮干しと昆布でとった出汁は僕のツボ。美味しかった。

さて。この旅もいよいよ終わりが近づいてきた。城端駅まで歩いて観光案内所に入り、最終湯にふささわしい、日本海を望む露天風呂を教えてもらった。
バスに乗ること50分。高岡駅で乗り換えて富山県氷見市を目指した。1時間ほどで『岩井戸温泉』というバス停に着いた。『氷見温泉郷　くつろぎの宿うみあかり』はどこだろう？　歩き出そうとしたらもう着いていた。バス停の目の前だったのだ。
海沿いの立派な観光旅館。通常、海の見える露天風呂は前日予約が必要なのだが、社長の計らいで入らせていただくことになった。さて最終湯。今までは一期一湯手ぬぐいで入ってきたが、最後は一湯入魂で締める。掛湯をして、いただきます。

完璧じゃないですか……

さえぎるものはなし。富山湾を一望できる特等席だ。この日は一週間ぶりの晴れ間だという。いろいろあったが、終わり良ければすべて良し。長野、岐阜、富山の三都物語。今回も勝ってしまった。

白骨温泉
「乳白色の湯」として知られている、中部山岳国立公園区域内にある歴史ある名湯。
「白骨温泉 湯元齋藤旅館」
住 長野県松本市安曇白骨温泉4195

平湯温泉
岐阜県高山市の奥飛騨温泉郷の中で最も古く、歴史ある温泉。
「平湯温泉 ひらゆの森」
住 岐阜県高山市奥飛騨温泉郷平湯763-1

平瀬温泉
白川郷の平瀬地区に位置する静かで鄙びた温泉地。「子宝の湯」としても知られている。
「平瀬温泉 旅館 藤助の湯ふじや」
住 岐阜県大野郡白川村平瀬325-1

岩井戸温泉
まるで海に浸かっているかのような、開放感あふれる、源泉かけ流しの「展望大浴場」が魅力。
「くつろぎの宿うみあかり」
住 富山県氷見市宇波10-1

秘湯とは何か？

群馬県渋川市伊香保町「伊香保温泉」
群馬県利根郡みなかみ町「宝川温泉」

♨満腹になると裸になりたくなる

今回の旅のテーマは、関東一早い雪見露天風呂だ。谷川岳の麓の秘湯『宝川温泉』は、関東で一番早く雪が降る露天風呂といわれている。宝川温泉へは以前から行ってみたかったし、２０１６年最後の旅が雪見の露天なんて最高の締めくくりだ。

旅の出発点は群馬県のＪＲ高崎駅。駅前のバスターミナルで、どのバスに乗り込もうか迷う。当たり前だ。僕は行き先を決めていなかった。どうしたものかと時刻表の地名をチェックしていると、駅前に展示された、だるまのオブジェが視界に飛び込んできた。高崎といえばだるま。そうだ、だるまの工房を見学させてもらうなんて面白いかもしれない。

バスの運転手さんに伺うと、少林山の方面を薦められた。だるまの起源である古代インドの高僧・達磨大師の教えを継ぐ『少林山　達磨寺』。その寺の周囲に、だるまの工房が点在しているという。

早速、市内循環バス『ぐるりん』に乗り込んだ。鼻高町というバス停の周辺に、だるま職人の工房が数軒あるらしい。

30分ほどで到着し、あちこちにある看板を頼りに工房を訪ね歩いてみた。ところが立て続けに三軒ほど断られてしまった。無理もない。12月の初めは年末に向けての繁忙期。僕の相手どころではないのだ。タイミングが悪すぎた。だるまは諦めようと思っていた時、手を差し伸べてくれたのが『岡田だるま店』だった。

職人さんたちによる製作工程を見学させていただき、手の平よりも少し大きめサイズのだるまをひとついただいて、〝顔描き〟をさせてもらった。高崎だるまの特長は眉毛が鶴、鬚が亀に描かれていることだという。長寿として縁起の良い二つの動物があしらわれているのだ。筆を貸していただき、職人さんたちの見様見真似で描いてみた。ドの付く初心者がうまく描けるわけはないのだが、いい経験をさせてもらった。


だるまをお土産にいただき、僕はバスに乗り込んだ。運転手さんのお薦めに従い、榛名湖方面を目指すことに。湖にほど近い『榛名神社』の門前町は、僕の大好物である蕎麦が有名なのだ。

バスを降りたら、新そばののぼりがいっぱい。有名な門前そば、しかも新そば！　もうワクワクが止まらない。どこで食べようか。神社の参道入口付近は宿坊が軒を連ねていて、それが蕎麦屋さんなのだ。立派な門構えに〝新そば〟ののぼり。どこも美味しそうで迷ってしまう。中でも赤い門構えがひと際立派な『赤門　般若坊』が気になった。なんか旨い気がする……直感を信じ、店名にもなっている赤門を思わずくぐった。

江戸時代後期に建てられた宿坊で、赤門も母家店舗も国登録有形文化財に指定されているという。柱や鴨居に使われている木材が古くも艶やかで、歴史を感じさせる。

注文したのは、数量限定の〝きみそば〟。希少な日本の固有種で、榛名山の湧き水でしめてあるという。


うまーーーい！

おかわりしてしまった。あちこち食べ歩いているが、ここ数年のトップ5に入る美味しさ。僕はそばに関しては直感がほぼ当たるのだ。


大満足の昼食を済ませ、僕は榛名湖行きのバスに乗り込んだ。人は満腹になると眠りたくなるか、裸になりたくなるかのどちらかだ。僕の場合は、圧倒的に裸になりたくなることが多い。

考えてみれば僕の旅はいつも、観光案内所で美人を見つけて嬉しくなって、ぐっすり眠って、美味しいものを食べて、温泉に入る。この繰り返しだ。当然だろう。人は四大欲を満たすために生きているのだから。食欲、性欲、睡眠欲、温泉欲。腹が満たされると脱ぎたくなるのは、人として自然なことなのだ。

あぁ、温泉に入りたい！

終点の榛名湖でバスを乗り換え、20分ほどで『石段街口』というバス停で降りた。一年中賑わいますように、と願いの込められた365段の石段は、温泉好きにはつとに有名。伊香保温泉だ。

あいにく観光案内所は閉まっていたのだが、地元の方のお薦めで向かったのは『お宿　玉樹』。石段のたもとにある、かなり大きく立派な旅館だ。造りも接客も満点に近い。あとで知ったのだが、ここは様々な旅雑誌や旅行系サイトで常に高評価を獲得しているらしい。

原田はそういうところは好みじゃないのでは？　そんな風に思う読者様もいらっしゃるだろう。そうなのだ。僕は観光地に興味がないし、☆を何個も獲得するような、いわゆる〝優等生宿〟にも興味が薄い。素晴らしいのはわかるのだが、何か刺激に乏しいというか、至れり尽くせり感に退屈を感じてしまうタイプなのだ。なんせ温泉俳優としてのデビューが満願寺温泉川湯。僕は根っからの野生児ならぬ野天風呂人なのだ。

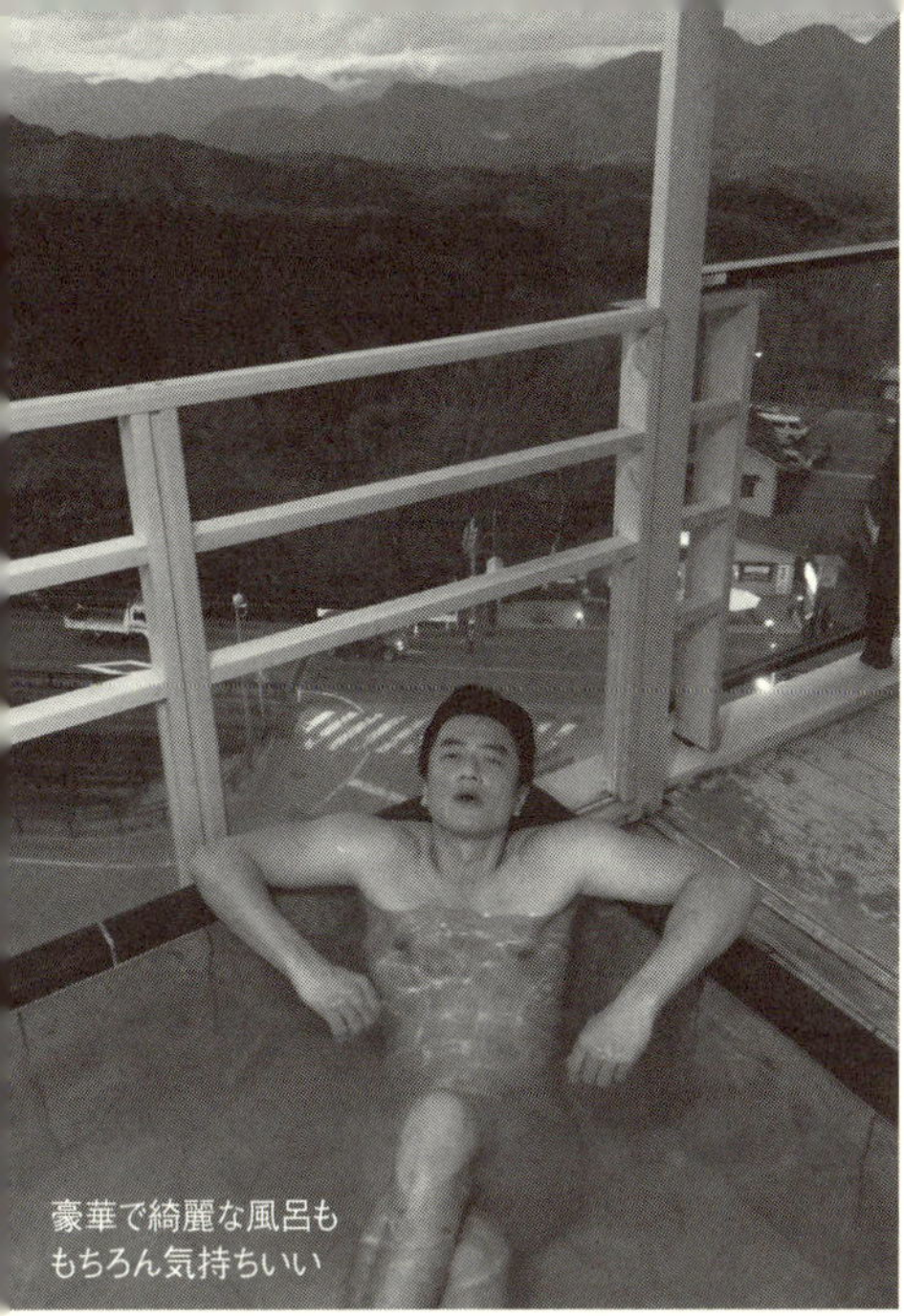
豪華で綺麗な風呂も
もちろん気持ちいい

露天風呂付の豪華なお部屋が空いていた。部屋は広く美しく清潔。もう文句なし。しかし、温泉欲の発作が出ている僕は荷物を降ろすとすぐに服を脱ぎ捨て、バルコニー状態の露天風呂へ向かった。谷川岳が一望できる解放感のある湯船だ。

あー気持ちいいいー。

僕の好みはあくまで野趣溢れる大自然の中の露

天風呂ではあるが、かといって巨大な観光ホテルやハイクラスな旅館を否定するわけではない。気持ちいいのだ。スタッフの方がサービスの限りを尽くしてくれる施設が、気持ち良くないわけがない。はっきり言って抜群だ。たまに、であれば殿様気分もいいものだ。

夕暮れに染まる山の稜線。その向こうには谷川岳の麓がある。僕は伊香保温泉を満喫しながら、旅の目的地、雪の舞い散る宝川温泉に期待を膨らませた。

♨世界中から温泉好きが集う日乃本一の大露天風呂

翌朝。伊香保温泉を後にした僕は、宝川温泉を目指して出発した。温泉天国・群馬で温泉のはしごだ。バスを乗り継ぎ乗り継ぎ、群馬を北上していく。途中、『上州　村の駅』という農産物の直売所で腹ごしらえをし、さらに乗り継ぎ。ようやく、水上駅までやってきた。ここでもまた乗り継ぎなのだが、次のバスが出るのは1時間後。到着する頃には日が暮れてしまいそうだ。どうしたものか。仕方ないか。そう思っていたところ、停留所からすぐの駐車場に送迎バスを発見した。まさに、僕がこれから向かう宿『宝川温泉　汪泉閣』のものだ。駆け寄って行って、運転手さんに「乗せてください！」と直訴したのだが、送迎バスは宿泊客専用で、しかも満席状態だという。旅の最終日、日帰り入浴希望の僕には利用できない。仕方がない。1時間待つことを覚悟したのだが、この日は送迎バスがもう一台来ていて、そちらは席に余裕があるという。宿泊客対象ではあるが、乗せていただけることになった。ツイている。

水上駅前から30分ほど。宝川沿いに佇む山間の秘湯、宝川温泉に着いた。

「なんだここは……!?」

度肝を抜かれた。広大な敷地内に4つの混浴露天風呂（うちひとつは女性専用）があるのだが、情報によれば延べ面積は470畳。最も大きい露天風呂は200畳あるらしい。それぞれの露天風呂には、宝川にかかる吊橋を渡って向かう。まるでひとつの温泉集落と言おうか、ナチュラルパークと言おうか、とにかくとんでもないスケールなのだ。敷地内に〝日乃本一の大露天風呂〟という案内石があったのだが、看板に偽りなし。

日帰り入浴料1500円を払い、まずは『摩訶《まか》の湯』へ。二番目に大きい120畳の露天風呂だ。いただきます。

ああ、いいお湯、これはいいぞー！

12月の群馬北部。癖のない素直な湯が、冷えた体を温めてくれた。

映画『テルマエ・ロマエⅡ』ロケ地に使われ、世界的に有

僕の旅を一緒に楽しんで、支えてくれる仲間たち

名なガイドブック『ロンリープラネット』で〝日本の温泉トップ10〟1位に選ばれたとあって、この日も外国人観光客の先客があった。海外では水着着用が一般的。宝川温泉はバスタオル巻きと女性用の湯あみを推奨しているため、全裸じゃなくても入浴OKというのもポイントなのだろう。まぁ湯に浸かれば、国籍も何も関係ない。みんな仲間だ。

ワンダホー！

黙殺されたが、いいのだ。エンジョイしてくれれば、気持ち良ければそれでいい。ただし、ホットプールとは呼ばないでほしい。日本の温泉は世界に誇るべきONSENなのだ。

対岸の『子宝の湯』に行くため、手ぬぐいで前を隠した状態で歩いた。途中、しっかり着衣の女性客とすれ違った。露天風呂にはそれぞれ男女別の脱衣所があるため、洋服を着て移動することもできるのだ。

こっちは手ぬぐい一丁、あっちは完全着衣。ちょっと恥ずかしかった。断っておくが、僕は露出狂ではない。ちゃんと恥じらいを持ち合わせている。僕が裸になるのは温泉に失礼だからであって、タオルはお湯につけないというマナーを守りたいからであって、やっぱり湯の中は全裸のほうが気持ちいいからであって、脱ぎたくてたまらないわけではない。

その証拠に全裸入浴を身上とする僕が今回は全編、手ぬぐいを腰に巻いた。宝川温泉は男女共にバスタオルを巻いて入ることが推奨されているし、女性には湯あみ着が用意されている。つまり、隠すこと

まるで一つの温泉集落。とにかくとんでもないスケール!!

がマナーとされているからだ。郷に入りては、だ。

『子宝の湯』は200畳の宝川温泉最大規模。端が見えない。『テルマエ・ロマエⅡ』で阿部寛さん演じる主人公が入湯している。いざ、いただきます。

ああ。今年の最後、
ここで良かった。満足です。

肩まで浸かりながら物思いにふけった。〝秘湯〟って何だろう? 僕は今までひとつの定義として、人がいない温泉が秘湯だと思っていた。違う。宝川温泉は人がいるのに秘湯感がある。そういえば秋田の乳頭温泉もそうだった。日本屈指の人気を誇り、人はたくさん訪れる。でも秘湯感に溢れているのだ。

どれだけマイナーな温泉でも、誰かしらは

入っていて、小さな情報でもネットで誰かがアップしている。そういう意味では秘湯は年々少なくなっているのかもしれない。

秘湯と呼ばれていなくても、たまたま人がいなくて湯を独占出来たら、秘湯感を味わえることもある。頭が混乱してきた。いや、秘湯かどうかという尺度自体、どうでもいいのかもしれない。秘湯に行く、ではなく、行ってみたら秘湯だった、という表現が正しいのかもしれない。そもそも秘湯に出かける、という表現はおかしい。秘湯は秘められているのだから、行き先がわかっているのはおかしいのだ。

全部秘湯だと思って行けばいい。もしくは秘湯という言葉自体をなくしてしまってもいい。何の予定もなく歩き回り、偶然辿り着いた温泉は、もはや秘湯だ。そこが有名な温泉であっても、そうでなくても。驚きを与えてくれるのが秘湯なのだ。

そういえば関東一早い雪見露天を目指しての旅だったのだが、雪は降らなかった。しかし、そんなことはどちらでもいいと思えるほどの〝秘湯〟だった。

２０１６年最後の入湯。来年もいろんなところへ行って、いろんな人とふれあい、いろんなものを食べて見聞を広めたい。もっともっと日本を好きになるだろう、そう思った。

伊香保温泉
万葉集や古今集などにも登場する、群馬を代表する歴史ある温泉地。温泉まんじゅうの発祥地とされている。
「お宿　玉樹」
㊟群馬県渋川市伊香保町伊香保87-2

宝川温泉
利根川の最上流に位置する水上温泉郷のひとつ。宝川温泉の一軒宿「宝川温泉 汪泉閣」は渓流沿いに4つの大露天風呂を有している。
「宝川温泉　汪泉閣」
㊟群馬県利根郡みなかみ町藤原1899

よかです！

鹿児島県霧島市「妙見温泉」
鹿児島県指宿市「指宿温泉」
鹿児島県指宿市「鰻温泉」
鹿児島県熊毛郡屋久島町「湯泊温泉」
鹿児島県熊毛郡屋久島町「平内海中温泉」

♨生命力溢れる鹿児島

一年のうちで最も寒い1～2月。それでも少しは温かいんじゃないかと淡い期待を抱いて鹿児島にやってきたのだが、寒かった。日本列島、冬はどこでも寒いものか。

今回の旅は鹿児島県を南北250キロ縦断し、最終的には神秘の島・屋久島を目指すつもりだ。島に渡れば、一足先に春の息吹を感じられるかもしれない。

2017年2月中旬。鹿児島中央駅前。僕は旅のスケジュールを立てた。初日と二日目は鹿児島の旬を満喫し、県内のいろんな温泉で冷えた体を温め、三日目に屋久島へ渡ろうというものだ。

旅の初日は〝鹿児島の大きいもの〟を立て続けに体験した。一つ目は桜島大根だ。桜島へフェリーで渡り、道の駅『桜島　火の島めぐみ館』の館長・丸山さんの手引きで農家さんにお邪魔した。度肝を抜かれた。こんなにデカいの⁉　テレビや雑誌で見ていた感覚とかけ離れていた。

桜島大根は作業車や道具を使うと傷つけてしまう恐れがあるため、手で掘り返さなくてはならないという。農家さんのご好意で一本採らせていただくことになった。レゲエミュージシャンの髪の毛のように四方へ広がった葉を束ねて抱え、じっくり腰を下ろして引っこ抜く。通常6キロ、重たいものだと30キロにもなるという。どうりで重い！　気になる味は……甘いっ！　えっ、こんなに甘いの⁉　まるでフルーツのようだった。

大根の甘味で食欲を刺激された僕は、鹿児島港に戻って腹ごしらえ。きっと今宵の宿の夕食で黒豚が出てくるだろうと予想し、『我流風 天文館本店』で鹿児島ラーメンを食べた。あっさりした豚骨スープに、キャベツやもやしがのっていた。間違いのない美味しさだった。

〝鹿児島の大きいもの〟の二つ目は姶良市蒲生町で目にした『蒲生の大楠』だ。『蒲生八幡神社』境内にそびえ立つ、樹齢約1500年、根周り33・5メートル、目通り幹囲24・22メートル、高さ約30メートルの日本一の巨樹。遠近法がわからなくなるような大きさに圧倒されてしまった。

大根にせよ、大楠にせよ、桜島にせよ、鹿児島はスケールが大きくて生命力に溢れたものがたくさんある印象を抱いた。屋久島はきっと、その究極の形を見せてくれるんじゃないか。そんな期待を抱かずにはいられなかった。

蒲生からバスに乗り、鹿児島空港を経由して霧島方面へ向かった。今宵の温泉宿は、空港の観光案内所でお薦めされた『妙見石原荘』だ。霧島は指宿と並ぶ鹿児島二大温泉地のひとつ。以前から憧れていたのだが、この宿と温泉はその期待にしっかり応えてくれた。

目の前には渓流、野趣あふれる
露天風呂は期待以上でした

部屋の窓を開けると眼下に天降川の美しい流れがあって、川沿いにある露天風呂への期待をぐっと高めてくれるのだ。宿には内湯、足湯、露天が全部で5つ用意されているのだが、僕はもちろん露天をいただくことにした。

部屋を出てから露天風呂までは、広大な敷地を横切っていかなければならない。ちょっと距離があるのだが、これがまたいいのだ。石畳を踏みしめ、川沿いを歩いていくアプローチが趣たっぷりで、湯への期待感を増幅させてくれる。

目の前に渓流を望む混浴『椋の木野天風呂』。その名の通り、大きな椋が屋根の役割を果たしていて、湯に浸かりながら渓流を望むことができる。最高のロケーションをいただきます。

きたー！　さいこうですね、これ！
今日も勝ったぞ！

熱めの湯が冷えた体に堪らなく沁みた。

夕食は季節の旬を使った懐石料理。早堀りの筍、フキノトウ、菜の花を2月に食べられる幸せ。目が覚めるような美味しさに、一足早く心が衣替えした。

♨空への思い

翌朝。僕はまず鹿児島空港へ出て、シャトルバスへ乗り換えて鹿児島中央駅まで一気に戻った。今日は薩摩半島を南下していき、徐々に屋久島への距離を縮めるつもりだ。

バスに乗ること70分。〝薩摩の小京都〟知覧町に着いた。武家屋敷群を散策し、『長吉屋』というさつま揚げの専門店で、知覧茶を練り込んだ珍しい緑茶のさつまあげに舌鼓を打った。そして僕は、一軒の食堂の前で足を止めた。実はこの町、この建物には思い出があるのだ。

2001年公開の映画『ホタル』に出演させていただいたのだが、その際のロケ地のひとつが知覧の町だった。

特攻隊員たちから母親のように親しまれていた鳥濱トメ。彼女が経営していた富谷食堂の復元セット、通称〝ホタル館〟が知覧の町中に建てられているのだ。

旅の醍醐味は未知との出会いに他ならないが、思い出巡りという側面もある。僕は20年近く前のことを思い出していた。

この映画で、かねてから憧れだった高倉健さんと共演させていただいたのだ。僕は富谷食堂の前で空を仰いだ。健さん、そちらの旅はいかがですか？　僕はこっちで温泉旅を満喫していますよ。

思い出の地を後にした僕は、指宿へ向かった。霧島と並ぶ鹿児島の二大温泉地だ。砂蒸し風呂が有名だが僕はパス。相変わらずあまり観光地には興味がないのだ。行くもんか、というわけではなく他のメディアでもさんざん紹介されている場所は、僕が行く必要はないかなぁという感じ。こんなところがあったの？　という知られざる場所に行きたいし、そんなところにこそスポットが当たってほしいと思うのだ。そしてこの後、僕のそんな思いは形になって、旅は一気に加速していく。

知らない町に来たら、とりあえず観光案内所だ。もう宿へ？　いやいやまだ夕暮れには早い。旬を伺うと、指宿はそら豆の生産量が日本一だという。大好きだ。食べたい。しかもお店じゃなくて、生産者を直接訪ねて、現地でもぎたてを食べたい。僕のわがままに応えてくださったのは、観光協会の宮田さん。そら豆農家さんのもとへ、車で連れて行ってくださることになった。

お世話になったのは『ＨＯＮＥ　ＦＡＲＭ』の川畑さんご夫妻。ご好意でいくつか収穫させていただくことになった。いざ手を伸ばしてみて驚いた。大きなそら豆が重力に逆らうように、まるで逆立ちするような形で空へ向かって伸びあがっているのだ。そう、空へ向かって伸びていくから〝そら豆〟というらしい。実ってくると徐々に降りてくるという。驚いた。

川畑さんご夫婦とお別れし、再び宮田さんの車に乗り込んだ。手にはいただいたそら豆。宮田さんによれば、このそら豆を調理して食べさせてくれる場所があるというのだ。どんなところだろう？

「温泉なんですけど……」

「え？　温泉なんですか？」

僕の声はひと際大きくなった。もぎたてのそら豆を食べられるだけではなく、温泉まで！　宮田さん、ずっと付いていきます。

♨うまかです！

鰻《うなぎ》温泉。30世帯ほどの小さな小さな温泉集落だ。硫黄の匂いが立ち込め、至る所で湯煙が上がっている。かつて征韓論に敗れて下野した西郷隆盛が、犬を13匹連れて約1か月間滞在した温泉地らしい。いや、全然知らなかった。地元の方々のお薦めを辿っていくと、こういう思いがけない場所へ導いてくださる。これだから旅は病み付きになるのだ。

この地区には各家庭の庭先に〝巣目《すめ》〟と呼ばれる、温泉熱を利用した天然のかまどがあった。僕はお土産にいただいてきたそら豆を巣目で蒸した。贅沢ないただき方だ。自分でもいだから余計に旨かった。そして集落中心にある区営鰻温泉へ。銭湯よりも一回り小さい、タオル貼りの素朴な公衆浴場。僕は露天風呂党の党首だが、こういう素朴なところも大好きだ。地元のおじさんたちが3人入っていらっしゃるところへお邪魔した。ご挨拶して、掛湯をして、いざ。

あっっつぃぃぃぃ！！！！！

涼しい顔で入っているおじさんによれば、44度だという。「水で薄めなさい」とお許しをいただき、湯船にホースを突っ込んで肩まで浸かった。

あああっつぃ！　まだあつぃ！

憩いの場、憩いの湯のお裾分け。いい湯だった。

この鰻温泉訪問の際、巣目の使い方を教えてくださったり、西郷さんの石像へ案内してくださるなどあれこれお世話になったのが、ボランティアガイドを買って出ている地元のおばちゃんたちだ。お揃いの黄色いウインドブレーカーを着て、元気いっぱいにもてなしてくださった。中でも〝きよこばあちゃん〟こと吉留紀代子さんのパワーには圧倒された。

元気な人たちが住む小さな小さな集落を後にし、僕は今宵の宿へ向かった。向かったといっても、最終バスを逃していた僕を宮田さんが送ってくださった。

『花の温泉ホテル　吟松』。露天風呂付の立派なお部屋。返しが溜まっていた僕は入室して即、裸になった。自分の部屋だから手ぬぐいもいらない。カメラがあるだけで誰も見ていない。窓際に佇む湯船に、掛け湯もなしでドボン。

あーーーーきもちーーーーさいこーーーーー！

いい湯をいただいたが、夕食がこれまた絶品だった。黒豚の角煮。お昼をラーメンにしておいて正解だった。

あー、溶ける！

続いて黒牛。豚もいいが、鹿児島は和牛の生産量日本一。しゃぶしゃぶでいただく。

ほらぁ！！！

何がほら、なのかわからないが、もうめちゃくちゃにうまかです！　鹿児島はご飯も人も温泉も全部うまかです！

♨滞在時間4時間　超速屋久島

翌朝。僕は早起きして、宿の最上階に位置する『天空野天風呂』をいただいた。鹿児島湾を一望する絶景。

はぁぁぁすごい！

部屋の露天風呂とは比べ物にならない広さ、湯量、そして絶景。いいお湯だった。

朝風呂をいただいた僕は、チェックアウトして指宿港へ向かった。旅の最終日。今日はいよいよ屋久島へ向かうのだ。始発の高速船で僕は間もなく洋上の人になる。

朝焼けの中を港に向かって歩いていると、ん？　お揃いの黄色いウインドブレーカーを着た人たちが、黄色い旗を振っている。鰻温泉で僕の世話を焼いてくれたボランティアガイドの方たちだった。

「どうしたんですか、きよこばあちゃん！」

「昨日言ったでしょ、見送りに来るって！」

きよこばあちゃんは〝welcome to ibusuki　指宿市おもてなし隊〟と書かれた地域おこしの黄色い旗を僕にくれた。旅は出会いによって、何倍も何十倍も楽しく、思い出深いものになる。その真理をつくづく実感した。

『高速船トッピー』に乗り込んだ。僕は屋久島のことをよく知らない。屋久杉の写真は何度も見たことがあるし、白谷雲水峡、太鼓岩という言葉くらいは聞いたことがある程度。しかし、今回の旅の前にもあえて予習はしなかった。先入観や予備知識なしで味わってみたかったのだ。

1時間15分で到着。桜島は船が近づいていくとアイランド感がたっぷりあったが、屋久島はそういう感じではなかった。大きさが違うのだから当然か。島へ渡ったというよりまるで異国へ来たような、桜島とは違うワクワク感があった。

宮之浦港に降り立った。少し暖かい。屋久島は冬でも10度を下回ることは珍しいそうだ。2月中旬に春先の陽気を感じさせてくれた。

さぁ、屋久島を満喫するぞ。早速観光案内所へ飛び込んだ。なんせ右も左もわからないのだ。

「一日ですか？」

係りの方は僕がどれくらい時間に余裕があるのかによって、コースを組み立ててくれようとしたのだろう。実は僕には時間がなかった。滞在時間は4時間ほどしかなかったのだ。

「それだけしかないんですか？」

僕は明らかに失敗した。二泊三日の旅で鹿児島と屋久島を味わおうなんて、欲張りが過ぎた。旅の最終日に4時間の滞在で、世界遺産を満喫できるわけがないのだ。一週間近い旅にするか、鹿児島編と屋久島編に分けるべきだったのだ。

屋久杉も太鼓岩も時間的に無理。係りの方は比較的近めだという白谷雲水峡を薦めてくれたが、僕は温泉俳優だ。何よりも温泉、そして旬の食べ物を優先したかった。屋久島に行って、縄文杉にも太鼓岩にも白谷雲水峡にも行かない旅番組なんて史上初ではないか。

屋久島に着いて早々、僕は誓った。こりゃ、もう一回来なきゃだめだ。これじゃあ「どこに行ってたの？」と誰かに聞かれても「屋久島に行ってきたよ」とは答えられない。

僕は屋久島の目玉的なスポットを諦めた。しかし、温泉と旬の食べ物は絶対に楽しんでやる、とバスに乗った。ここでももちろん、バスというルールは健在だ。

1時間ほどで着いたのは『ぽんたん館』。ここで屋久島名産の柑橘類をいただいた。スイートオレンジとぽんかんの自然配合種、「たんかん」だ。見た目は完全に普通のみかんなのだが、とにかく甘くて美味しかった。それもそのはず柑橘類でトップレベルの糖度を誇り、ビタミンCはみかんの約2倍だという。

残り2時間。僕は旅のゴールとなる温泉を目指した。『湯泊』というバス停で降りて少し歩くと、海沿いの岩場が見えてきた。この海沿いの岩場にこそ『湯泊温泉』が潜んでいるのだ。

寸志箱の中に協力金100円を入れ、海沿いへ出た。オーシャンビューというか、もう海辺だ。先客なしの貸し切り状態。あっという間に裸になった。

うわーーー!

ぬるめのお湯だ。冬場にはちょっと物足りないが、降り注ぐ太陽と潮の香、そして広大な水平線が僕を癒してくれた。が、すぐに上がった。

誰も人がいないことをいいことに、僕は手ぬぐいも持たずに全裸で岩場を歩いた。実はさらに波打ち際の岩場の中に『奥湯泊温泉』が潜んでいたからだ。

はーーーーーー!　もう泉質なんてどうでもいい!!!

『湯泊温泉』よりも硫黄臭は弱まり、ヌルヌルしている。気持ちいい。が、ここも長居はしなかった。

満潮時には海に沈んでしまう〝秘湯〟「平内海中温泉」

歩いて20分ほどの場所に、もうひとつの秘湯があったからだ。『平内海中温泉』。ここも岩場に潜む温泉なのだが、湯泊温泉よりもさらに〝潜み感〟がすごい。なんせ入浴できるのは一日1～2回、干潮前後の2時間のみ。それを逃すと湯船がなくなる。つまり満潮時には海中に沈んでしまう。季節限定ならぬ、時間限定の温泉なのだ。目隠しも何もない水着不可の混浴だから、女性にはハードルが高いだろう。

僕はここに時間を計算して辿り着いたわけではない。たまたま干潮のタイミングに合ったのだ。ラッキーだった。

先ほどと同じように寸志箱の中に協力金100円を入れ、岩場へ向かった。波打ち際の岩場をくりぬいて作られた4つの湯船がワイルドだ。先客がいたので、今度は一期一湯手ぬぐいで前を隠し、掛湯して、いただきます。

あーーー気持ちいいーーー！　ちょうどいいいい～。

湯泊温泉よりも温かく、ちょうどいい。何より最高のシチュエーションだ。岩にぶつかる波の音を聞きながら、温かい水中に浸る気持ち良さといったら。

先客のおじさんは、島に移住してきた元教師だという。

「気ままに暮らしてます。仕事もリタイヤしたし、温泉に合わせて生活してますよ。以前は不便だなと思ったけど、自然が俺に合わせるんじゃなくて、俺が自然に合わせればいいんだと思って」

人生の先輩のおっしゃるとおりだと思った。

二泊三日の鹿児島・屋久島の旅はこれにて一件落着。しかし、僕は早々の再訪を誓った。

♨ 屋久島の胎内へ

半年後の2017年8月。僕は屋久島空港に降り立った。前回の旅は島へのご挨拶。今回こそ神秘の島を満喫したい。

着いて早々バスを乗り継ぎ、走ること1時間。やってきたのは『白谷雲水峡』。

宮之浦川の支流、白谷川の上流にある広大な自然休養林だ。いきなりラスボスという感じだが、もう来てみたくて堪らなかった。

潤いに富んだ緑の中を登っていく。深い緑、強い緑、優しい緑。緑緑緑！　普段、都会で浅い息を繰り返している旅人は、思い切り深呼吸したくなった。歩き始めてすぐに出会ったのは推定樹齢2000年の奉行杉。気高さに、もうただただ息を飲むばかりだ。江戸時代に伐採された屋久杉の切り株にも驚かされた。体を真っ二つにされているのに、生きているのだ。人肌ではないから温かくはないけれど、木肌に触れると生き物に触れている感覚に襲われた。

登り始めて2時間30分。『もののけ姫』制作のために宮崎駿監督が何度も足を運んだという『苔むす森』に着いた。国内に生息する苔の3分の1（約600種類）が、この屋久島に生きているという。繊細で瑞々しく、そしてなんて優しい緑の絨毯だろう。

登り始めて3時間。息も絶え絶えで急勾配を越えると、一気に視界が開けた。標高1050メートル。宮之浦岳をはじめ、永田岳、翁岳、太忠岳など屋久島の山々が、大空の下に悠然と広がっている。まるで恐竜の生きていた時代にタイムスリップしたかのような大パノラマ。僕は『太鼓岩』の上から思わず叫んだ。


やばいやばい！　ヤッホーーーーーー！


太鼓岩は大きな一枚岩（花崗岩）で、叩くと音が反響し、まるで太鼓の様に山々と空へ響き渡ることから名付けられたそうだ。

ここは凄かった。まるで屋久島の胎内にいるような感覚だった。2月の鹿児島縦断旅も、こうして屋久島を再訪したのも、すべてはここに立つためだったと思えるような絶景だった。

♨小さな命に感動

白谷雲水峡から宮之浦港へ行き、観光案内所へ飛び込んだ。掲示板で見つけたのは8月1～31日まで行われている『子ガメ放流の観察イベント』。これは行ってみたい。案内所の方の話では、夏休み中でしかもウミガメのイベント開催中のため、周辺の宿はいっぱいかも、とのこと。まあでも行けばなんとかなるっしょ。楽観的というより無計画。僕は勢いでバスに乗り込んだ。

30分ほどで『田舎浜』というバス停に到着。ウミガメのイベントは夜も更けてから。まずは今宵の宿を確保しなければ。バス停から歩いてすぐのところに『送陽邸』という宿を見つけた。古民家のような雰囲気でとてもいい。しかし宿の方に「いっぱいです」と言われ、あえなく撃沈。のちほど知るのだが、この宿はかなり人気らしく、世界的にも知られているらしい。あの世界的ミュージシャンのビョークや海外セレブもお忍びで訪れたことがあるという。

さぁ困った。僕はスマホと観光マップを交互に見ながら他の宿を探した。すると宿からおじさんが一人出てきて「みなさんは無理だけど、1人だけなら」と声を掛けてくださった。食事が1人分だけ何とか確保できたらしい。

声を掛けてくださったのは宿主の岩川健さん。宿泊棟は3つ。明治時代の古民家を買い取って移築し、健さん自ら改築を重ね、20年かけて現在の形にしたという。台風に耐える黒い屋根の、地を這うような平屋造り。室内も古民家の情緒たっぷりだ。各部屋には大きなテラスがついていて、海が一望できる。もう素晴らしいとしか言いようがない。

海辺の風呂、半洞窟風呂も健さんの手作り。早速いただいた。

うわー! きもちーーーーー!

以前は永田温泉という名の鉄鉱泉だったらしいが、現在は沸かし湯だという。そんなことはどうでもいい。潮騒を聞きながら入る洞窟状の湯。最高だ。つくづく泉質なんてどうでもいいと思う。大切なのはシチュエーション、湯に至るまでのアプローチだ。人との出会いやふれあい、その地の歴史を感じることが出来れば100点なのだ。

夕食に新鮮な魚介を堪能し、いよいよウミガメの放流会へ向かった。

まずは『屋久島うみがめ館』でDVDを観た。事前にウミガメの生態や放流の仕方、観察マナーを学んでから砂浜へ向かうのだ。

ここ永田浜は日本一、そして世界有数のウミガメの産卵地。カメの赤ちゃんたちは月明かりを頼って海へ進む。光のほうへ導かれるのだ。太古の昔は夜には月明かりしかなかったが、現代社会は夜でも光だらけ。例えば自動販売機の光のほうへ進んでしまい、海からどんどん遠ざかって息絶えてしまう子ガメもたくさんいるらしい。以上全部、DVDで学んだことだ。勉強になった。

放流会では光を当てて海へ誘導する。だから専用の光以外はご法度。スマホはもちろんダメだし、我々のテレビカメラの照明など厳禁。カメに影響を与えない赤外線カメラで臨むことになった。

小さな手をパタパタさせて、子ガメたちが懸命に海を目指す。太平洋を渡り、アメリカを経てメキシコへ。屋久島へ帰ってくるのは30年後。ただし、生きて帰ってくるのは本当にごくごく一握りだという。厳しい生存競争。生きて帰ってくることは奇跡に近いのだ。

がんばれ！　がんばれ！　僕は見学者たちと一緒になって声を上げ、子ガメが波に消えていくたびに拍手した。

♨ また来ました

翌朝。どしゃ降りの中、宿を後にした。旅の最終日は島の南側を旅し、美味しいものを食べ、最後はもちろん温泉で締めるつもりだ。

バスの運転手さんに、パッションフルーツが旬だと聞き、『宮之浦』というバス停で降車。とはいえ降りたはいいが、果樹園の当てなどない。雨上がりの農道をあてどもなく歩いていると、急に農園から人が出てきた。あわてて声を掛ける。

農園を案内してくださったのは8年前に島へ移住してきたという八木一秋さん。ご好意でビニールハウスの中で自然落下している実を食べさせていただいた。硬い皮の内側にあるゼリー状の果肉にむしゃぶりつく。

うまい！　うまい！　好きこれ！！！

甘い。そして少しの酸味。美味しい。僕はスタッフに分けた実を取り戻して食べた。もっと食べたいと思った僕は「手伝います！」と勝手に宣言し、自然落下している実をどんどん拾った。八木さんは

岩の浴槽から眺める雄大な景色。半年ぶりの『湯泊温泉』は変わらず最高でした!

笑って、僕が拾った倍以上のパッションフルーツをお土産でくださった。

宮之浦から35分。『安房港』というバス停で途中下車し、物産センター内の観光案内所で昼食のお薦めを聞いた。半年前、宮之浦の案内所で親切にしてくださった係りの方が、こちらへ異動されていた。地元の寿司屋を薦めてくれ、店に撮影許可までとってくれた。再訪すると、こんなご好意に預かることがある。感謝感謝だ。

案内所から歩いて20分。『寿し いその香り』でトビウオやアザハタといった地魚をいただいた。

んーーーーーーんーーーーーー!

言葉にならない美味しさ。地の旬をいただき、僕はいよいよ旅の総仕上げに向かった。

「あぁ脱ぎたい!」

僕はバスの中で声に出して言ってしまった。仕方がない。お腹がいっぱいになると脱ぎたくなるのは人の常だ。

バス停から歩いて10分。僕は海に出た。半年ぶりの『湯泊温泉』だ。また来ました。失礼します。僕は湯船に挨拶し、いただいた。

ああ、これこれ！　あああ！

すぐに上がって、岩場を歩き『奥湯泊温泉』へ。旅の最終湯だ。

おお？　おお！　おおお！　最高です！！！

屋久島は最高だった。再再訪の可能性大だ。

妙見温泉

天降川沿いに温泉場が点在する新川渓谷温泉郷の中心的な温泉。

「妙見石原荘」

住 霧島市隼人町 嘉例川4376

鰻温泉

征韓論に敗れて下野した西郷隆盛が明治7年に1カ月ほど滞在した温泉地。

指宿温泉

霧島と並ぶ鹿児島の二大温泉地。砂に埋まる独特の入浴法「砂蒸し温泉」が有名。

「花の温泉ホテル 吟松」

住 指宿市湯の浜5-26-29

湯泊温泉

潮の干満に影響されず24時間いつでも入浴可能。源泉は 37℃ほどとややぬるめの温泉。

平内海中温泉

満潮時には水面下へ沈んでしまうため干潮時の前後２時間ほどしか姿を現さない野天風呂。

「送陽邸」

住 鹿児島県熊毛郡屋久島町永田522-8

春の北陸を食べ尽くす

富山県砺波市「庄川温泉郷」
石川県七尾市「和倉温泉」

旬のものを食べる食べる食べる！

毎年6月、石川県金沢市で『金沢百万石まつり』が開催されるのを御存知だろうか。加賀藩祖・前田利家公が天正11（1583）年6月14日に金沢城へ入城し、金沢の礎を築いた偉業を偲ぶ、勇壮なお祭りだ。メインイベントの百万石行列には全国から多くの観光客が訪れる。

2014年6月。『第63回金沢百万石まつり』で、僕は百万石行列の主役・前田利家公役をやらせていただいた。身に余る光栄とはこのこと。生涯忘れられない思い出だ。

お祭りから3年後の2017年4月。僕は再び金沢にやって来た。前回は大役を仰せつかっての金沢訪問だったが、今回は楽しい旅。なんという気楽さ。もう旅のスタート地点の金沢駅に着いた瞬間から頬が緩んでしまう。

プランは相変わらずあってないようなもの。旅の最終地点は以前から憧れている和倉温泉郷。ゴールに至るまでの道中で、美味しいものを食べまくるつもりだ。

金沢といえば兼六園。駅前から周遊バスに乗り、30分ほどで着いた。前田利家公の銅像がお出迎え。思わず恐縮してしまった。

観光地にあまり興味はない僕が、日本を代表する観光地を訪れたのには二つの理由があった。ひとつは思い出だ。『水戸黄門』の収録をここ兼六園で行ったことがある。ひとつひとつの灯篭にも思い出が宿っている。せっかく金沢に来たのだから、思い出を彩りたかった。

もうひとつは桜が見たかったのだ。兼六園は毎年40万人近くが訪れる日本屈指の桜の名所。観光地であろうが何だろうが、どうしても拝みたかった。

ところが、桜は咲いていなかった。例年ならこの時期、満開のはず。しかしこの年は寒さが厳しく、開花が遅れていたのだ。これからまさに咲くという、蕾がパンパンに膨らんだ状態だった。

「負け惜しみじゃないですけど、満開じゃないところがいい。咲いちゃうと散っていくしかない」

カメラに向かって笑顔を見せたが、引きつっていたと思う。完全な負け惜しみ。満開のほうがいいに決まっている。スタッフが一週間後に撮影したところ、それはそれは綺麗な大満開だったらしい。

さてさて、これからどうしようか。桜を見終わったら、いや満開を見れずに早くも足が止まってしまった。例のごとく、何も決まってない。いや、これでいいのだ。何も決まってないことが嬉しい。なんという贅沢な時間だろう。これは負け惜しみではなくて、心からそう思う。

兼六園からのんびり歩くこと20分ほど。『近江町市場』を訪れた。ここは江戸時代に原型ができた歴史ある商店街。鮮魚、青果など185もの店が軒を連ねている。アーケードになっていて、左右に店が延々と続く。こういった名物商店街が好きな人は多いんじゃないだろうか。僕なんかもワクワクしてしまうほうだ。石川と言えば海の幸。早速いただくことにした。

「牡蠣をください」

鮮魚店の店先に行くと、その場で食べさせてくれるのだ。新鮮な牡蠣がめちゃくちゃに旨くて、食欲に火が付いた。ボタンエビもちゅるんと二尾。もう止まらない。のどぐろの刺身は目の前でさっと炙ってくれる。醤油ではなく、塩でシンプルにいただく。脂身が乗っていて溶けるよう。白身のトロとはよくいったものだ。

まだまだ食べたい。続いてはガスエビ。足が早いため全国流通しない、地元の贅だ。店員さんによれば、かつては出荷しても鮮度が落ちるのが早すぎるため、売り物にならなかった。ガソリンだけを無駄にするエビ。そこからガスエビと名付けられたらしい。醤油をちょっと付けて、ツルっといただく。甘い！　甘エビよりも甘い。冷凍流通が発達した現在、価値がどんどん上がってきているという。仕上げに海鮮丼をたいらげると、今度はデザートが食べたくなってきた。

カメラが回っているから張り切って無理して食べているわけではない。旅先で美味しいものに出会うと、食欲のアドレナリンが出るのだ。

デザートを求めて江戸から続く金沢の花街『ひがし茶屋街』を流した。キムスコ（木虫籠）と呼ばれる美しい出格子がある街並み。僕はこういう、歴史が大切に残されている風景が大好きだ。黄門様や格さんたちと歩いている気分になる。

古き良き伝統を残しながらも、北陸新幹線開業後は町家を改造した飲食店やカフェが増え、多くの観光客が訪れるようになった。どこもお洒落で、美味しそうな店構えをしている。

目移りしていると、金沢出身の奥田ディレクターが呟いた。

「そこはうちのお袋が働いてる寿司屋です」

せっかくだから一言ご挨拶しようと思ったのだが、この日はあいにくの非番らしい。踵を返すと、背後で「ユキノリ～！」と声がする。振り返るとお母様が。もともと非番だったが、欠員を埋めるため急遽出勤することになったのだという。ご挨拶をして店を後にした。市場で最高の魚介を堪能していたため、お寿司の気分じゃないのだ。もう胃袋は完全に甘いものを欲している。

再び散策を始めると、一目で気になる店を発見した。『和菓子　森八　ひがし二番丁店』。開業は寛永二年。加賀藩御用達という老舗中の老舗だ。

旬の和菓子を提供してくれるという。僕は3、4月しか食べられないという『春の宝達』をいただいた。桜の入った白あんを餅皮で包んだ和菓子。僕の好きな味。上品な甘味は、春の訪れを舌に教えてくれるようだった。

♨ 腹が満たされれば湯に浸かり、湯に浸かれば腹が減る

満腹の僕は一度、金沢駅前へ戻った。お目当ての和倉温泉に徐々に近づいていきたい。その道中でもちろん、温泉をいただくつもりだ。ただ、どこへ寄り道すればいいのやら。事前学習ゼロの僕は例によって観光案内所へ飛び込んだ。

去年まであった和倉温泉に向かうバスがなってなくなってしまったという。そのため、いったん高速バスで富山県の高岡駅前に行き、そこからその名も『わくライナー』という高速バスで和倉へ向かうルートを教えてもらった。

とはいえ、和倉温泉は明日向かう旅の最終地点。今日はどこの温泉に行ってもいいし、どこの宿に泊まってもいいい。というわけで、とりあえず砺波・高岡方面行の高速バスに乗ることにした。40分ほどで砺波駅南口に到着し、ここでもう一度観光案内所へ。温泉&今宵の宿探しだ。

お薦めされたのは、庄川温泉郷の宿『風流味道座敷　ゆめつづり』。パンフレットを見せていただいたのだが、一発で気に入った。露天風呂があるのはもちろんのこと、庭園の緑が美しく、館内は上品で清潔感がありそうだ。すぐに電話し、空きを確認。無事に予約をとることができた。駅前まで送迎バスもあるのも助かった。

宿へは車で15分ほど。ヒノキ風呂のある豪華な部屋をご用意いただいたのだが、僕は荷物を置くと真っ先に露天風呂へ向かった。食べに食べた旅の初日。腹が充分満たされた僕は、もう湯に浸かりたくてウズウズしていた。まずはヒノキの露天風呂へ。掛け湯の時点でわかる。いい湯だ。

こりゃいいぞー、ああー気持ちーー

北陸の幸でお腹はいっぱい。そして今、最高の加減の湯に全身を抱かれる。最高だ。これ以上の幸せってあるか。体が温まると、僕はタオルもなしで素っ裸で石畳を歩き、岩造りの露天へ。

いいっすよいいっすよ！　ちょうどいい〜。

ヒノキの露天風呂よりも庭園の緑により近く、夕陽の光もよく届き、深呼吸を繰り返したくなった。あぁ、この瞬間のために旅しているんだとつくづく思う。

腹が満たされれば湯に浸かり、湯に浸かれば腹が減る。露天風呂を満喫した後は夕食だ。春の富山湾でとれた海の幸づくしだ。

カワハギの刺身をカワハギの肝のソースでいただいた。続いて寒ブリ。旬は冬だが、富山湾は春先でも脂がのっている。でもしつこくなかった。中でも僕の目と舌を楽しませてくれたのが、ホタルイカの石焼だった。塩とゴマで下味をつけ、自ら石鍋で焼くのだ。ジュージューという音を5分ほど聞き、一口でいただく。なるほど。刺身もいいが、こうして焼いても香ばしくて旨い。やはり日本海の魚介は旨い。本当に旨かった。

♨ まさかの連敗　返しはマックス

翌朝。宿のある砺波から高岡駅へ出て、バスを乗り継ぎ、海沿いの町・新湊へ向かった。昨晩、和倉温泉に行く途中のお薦めの寄り道を聞いたところ、仲居さんが教えてくれたのだ。実は僕が泊まった昨日、白エビ漁が解禁したようで、ぜひ食べてみてほしいと。そんなことを聞いたら絶対に行くしかないではないか。

漁港へは駅前から歩いて10分。一隻の船がちょうど港へ帰ってきたところに居合わせた。目の前で網にいっぱいの白エビが水揚げされた。

白エビは富山が世界に誇る幻のエビ。富山湾の宝石と呼ばれる。透き通るような、ではなくわずかにピンクがかった透明の美しいエビだ。

漁師さんのご好意で、とれたてをバケツからいただいた。甘い。昨日、市場で食べたガスエビもそうだが、これも甘エビよりも甘い。そしてとれたてだから、もうめちゃくちゃ旨かった。

新湊漁港を後にし、バスを乗り継ぎながらもう一度石川県に戻った。目指すは旅の最終地点、七尾市の和倉温泉。締めくくりはやはり温泉だ。

以前から憧れていた和倉温泉郷。最終湯に弾みを付けようと、七尾駅前で降りた。腹ごしらえだ。この旅は一泊二日。最後の最後まで北陸を味わい尽くし、和倉温泉で締めればパーフェクト……のはずが、ここから僕の大苦戦が始まるのだ。

七尾駅の観光案内所で薦められた道の駅へ行ってみたのだが、ランチタイムが終了していた。

観光案内所へ戻り、今度は漁師さんがやっているという居酒屋を薦められた。昼間に漁をやり、夕方から開店するらしい。その日の漁でとれたものを出してくれるというのだ。そりゃあいい。ワクワクして向かったのだが、漁が長引いているのか準備中の札。ガラスの扉を覗き込んだが誰もいない。

こういうこともある。仕方がない。気を取り直してもう一度観光案内所へ戻った。うぉっ！　今度は観光案内所が16時で閉まっているではないか！

やってしまった。腹が減って歩き回って店を探し、どこにもありつけずに余計に腹が減るという悪循環。もうこれ以上、動き回ってはいけない。腹も減るし、大幅にタイムロスもしてしまった。僕は腹ごしらえを諦め、和倉温泉郷に向かうバスに乗り込んだ。

国内では珍しい海から湧く温泉、憧れの和倉温泉郷が空腹と連敗の傷を癒してくれるはずだ。

バスを降りた。七尾湾の入り江に高級温泉宿が立ち並んでいる。国内でも屈指の有名温泉郷だ。観光案内所が閉まっていたため、どこの宿が日帰り湯をやっているのかわからない。高級なホテルの雰囲気に圧倒されるが、一軒一軒聞いて回るしかない。

一軒目のホテルは日帰り湯をやっていなかった。続いて二軒目。入口で出迎えてくださった仲居さんが、「お風呂のテレビ、すごく面白いです」と声を掛けてくださった。路線バスの旅なんですが、という野暮な返しはなし。素直に嬉しい。これでお湯に入れたら最高なんだが……あいにくダメだった。事前連絡がないため、撮影の許可が下りなかったのだ。がっくり来たが、断られて当たり前なのだ。

普通は事前にアポイントをとり、撮影させていただくもの。宿も宿で事前の準備を整え、万全の状態で迎えてくださる。それが普通の流れだ。僕は気ままな旅をしているため、本当にアポなしの飛び込み。だからこそ、出来るだけ失礼がないように、謙虚でいなければならないと思う。

さぁ、三度目の正直。三軒目。

「日帰り温泉やってますか？」

「どうぞどうぞ」

やったぁ。快く撮影の許可もくださったのは『ホテル海望』。明治23年創業の老舗だ。

一湯入魂の手ぬぐいを投入し、気合を入れて最終湯に臨む。七尾湾が一望できる露天風呂。文句なしの景観。いざ、いただきます。

あーーー来たーーーー!!!

苦戦していた分、返しがたまっていた。七尾駅前で道の駅にフラれ、漁師の居酒屋にフラれ、ついには観光案内所にまでフラれた。和倉温泉に着いてからも連敗。計5連敗の末の露天風呂。返しはマックスだった。

それにしても、この旅は食べに食べた。初日は『近江町市場』で牡蠣、ボタンエビ、のどぐろの刺身、ガスエビ、海鮮丼。『和菓子　森八　ひがし二番丁店』で旬の和菓子に舌鼓。『風流味道座敷　ゆめつづり』での夕食は、カワハギとブリの刺身に、ホタルイカの石焼。新湊漁港ではとれたての白エビをいただいた。

最後の5連敗には苦労したが、それが最高の返しとなって、最終湯が気持ち良すぎた。トータルで大満足の、春の北陸旅だった。

庄川温泉郷

清流庄川沿いに点在する庄川、薬師、湯谷、弁天、赤岩温泉の総称。きれいな自然に囲まれ、四季折々の風情が楽しめる。

「庄川温泉風流味道座敷ゆめつづり」

住 富山県砺波市庄川町金屋3531

和倉温泉

能登島を臨む風光明媚な温泉地。開湯1200年を誇り、日本でも珍しい"海の温泉"が湧き出る。

「ホテル海望」

住 石川県七尾市和倉町和歌崎部12-3

夏の北海道を食べる　浸かる

北海道上川郡美瑛町「白金温泉」
北海道上川郡東川町「旭岳温泉」
北海道空知郡上富良野町「吹上温泉　吹上露天の湯」

♨歩いて入る温泉はまた格別

夏であろうが、冬であろうが北海道は旅人を飽きさせることはないだろう。冬であれば雪景色、海の幸、そして白銀の中の湯煙を満喫できる。夏であれば……そう、僕は夏の北海道を味わうため、旭川駅に降り立った。

駅前で美瑛行きの時刻表を見ていると、目の前にバスが到着した。とりあえず乗るか。相変わらずの成り行き任せ。予習はゼロ。何も決まっていない不安感、ドキドキを楽しむ。

さすが北海道だ。車窓越しの風景が、どこを切り取っても絵になる。どこまでも続く直線道路。左右には豊かな緑が広がる。

『大久保』というバス停で降りる。しばらく歩くと、乗車時に運転手さんがなぜこの停留所を薦めてくれたのかがわかった。『ぜるぶの丘』。丘陵地がラベンダー、ひまわり、ポピーといった花々で埋め尽くされていた。遮るもののない大きな空の下、延々と広がる彩り。北海道に来たんだなぁという旅人の実感を一気に高めてくれる、これ以上ないお出迎えだ。

色とりどりの花々に癒された僕は、色繋がりであるものが気になった。施設内の掲示板にあった一枚の写真。

「青い池？」

行ってみようか。花畑を後にしてバスに乗ろうとしたら〝白金《しろがね》温泉行〟とある。あぁ、見てしまった。温泉が気になる。調べてみると、青い池に行った後、この路線のバスに乗れば白金温泉にも行けるようだ。そりゃいい、乗ろう。

30分ほどで到着すると、乗客も次々に降りていく。みんな向かう方向が同じだ。『白金　青い池』は人気のスポットなんだろうか。なんせ予習ゼロだから、こんなに人気のある場所とは知らなかった。後で知ったが、ここはツアーバスの立ち寄りポイントになっている人気の観光スポットらしい。

みんな池に向かってカメラを構えている。僕はほとりを歩いて、少し人が途切れる場所を探して、じっくり眺めた。

立ち枯れたカラマツの足元に広がる水面。本当に青い。気候の変動によって、濃紺に見えたり、水色に近くなったりするようだ。なんでもこの周辺の湧き水と美瑛川の本流が混ざり合って特殊な水中成分が形成され、お日様の光を受けて青く見えるらしい。

花々に水の青。自然が生み出す色合いに癒され、僕はそろそろ欲しくなってきた。そろそろ〝見る〟から〝浸かる〟へ行きたい頃合いだ。旅の一湯目は、さきほどバスで見かけた白金温泉に決めていた。

さてタイミングが合えばいいんだが……バス停に着き、遠目から時刻表を眺めても、明らかに数字が書いてない。ちょっと焦って覗き込むと、ない！　タイミングが合う合わないの問題ではなく、そもそもバスが一日に5本しかない。

綿密に立てられた旅行プランであれば、こういうことはきっと起きない。実に効率良くアクセスし、無駄なく目的地に着くだろう。ノープランで旅をしていると、こういうことは起きるのだ。いい。それでいい。非効率万歳。一見無駄に思える時間や道草が思わぬ出会いを引き寄せ、ドラマを生むものだ。いや、別に奇跡を期待しているわけではないから、何も起こらなくてもいいのだが、僕はこういう時間が好きなのだ。バスがなくて夏の山道を30分歩く。汗だくだ。これは、いい返しが溜まる。すなわちいい湯に入れる。

美瑛町観光センターで、日帰り湯ができるホテルを教えてもらい、『湯元 白金温泉ホテル』に辿り着いた。山道で汗だくになった体を、一刻も早く流したい。返しは充分だ。僕は汗で重くなった服を脱ぎ捨てた。そしてリニューアルした手ぬぐいを前にあてがう。中央に堂々たる毛筆〝一湯入魂〟。直筆をプリントしてもらった。タオルだと透ける心配があるが、手ぬぐいはいい。そもそも透けは心配していないのだが、手ぬぐいは肌触りや使い心地がいい。気合がさらに乗った。

大きすぎず、小さすぎないちょうどいい露天風呂だ。岩造りで雰囲気もロケーションもいい感じ。緑を揺らす風も心地良い。掛湯をしていざ、いただきます。

「一湯入魂」直筆をプリントしてもらった手ぬぐい

あーきもちーー。

ぬるぬるした茶緑の湯は鉄分のせいらしい。だが僕にとって泉質や効能はどうだっていい。モザイクいらずの濁り湯は、のびのびと開脚できるのがまたいい。いや、気持ちいい。自分の足で歩いて入る温泉は格別だ。なんせ返しの溜まり方が違うのだ。

♨ 幻想的な雰囲気漂う「神々の湯」

湯を出れば、腹が減る。人間は実に欲深い生き物。僕はその代表格だ。腹ごしらえと今宵の宿探しのため、一度バスで美瑛駅前に戻った。降車してすぐ目に入ってきたのが蕎麦屋。すぐに飛び込みたい気持ちをこらえて、観光案内所へ。僕は蕎麦の文字が視界に入ると、まるでお掃除ロボットが充電器へ帰るように、するすると暖簾をくぐってしまう。待て待て。せっかく北海道に来たんだ。旬のものを聞いてから決めようじゃないか。情報収集は、やはり地元の人、中でもプロである観光案内所を頼るに限る。

まずは今宵の宿探し。北海道最高峰・旭岳の麓に温泉があるという。旭川空港を経由してバスを乗り継げるためアクセスもいい。よし決めた。絶対に入ろう。

そして旬の食材を聞いた。この時期はアスパラが絶品だという。素晴らしい。ここは蕎麦ではなく、北海道の大地の恵みを大いに満喫しようではないか。観光案内所で紹介してもらったのは、有機野菜を使ったおしゃれなレストラン。胸を弾ませ向かったのだが、残念ながら撮影許可が下りなかった。

観光案内所に戻ると、今度は美瑛が新しくご当地グルメとして推しているB級グルメのカレーうどんを勧められた。ご当地グルメこそ旅人の楽しみだ。ところが今度はランチタイムが終わってしまっていた。

目星をつけていた蕎麦屋もギリギリの時間差でランチタイム終了。三連敗だ。ことごとく昼食にありつけないランチ難民。僕は路頭に迷った。しかもすさまじいタイムロスだ。

時刻は2時半。この時間帯は他のお店を探すのも難しい。どうしようか。成り行き任せの僕も、さすがに途方に暮れて町をふらふら歩いた。『喫茶　すずらん』。営業中だ。選り好みしていたら、また路頭に迷うのがオチ。ここでいいや。まさに手を打った感じで入った喫茶店。実は1961（昭和36）年開業で、美瑛町で最も歴史の古い喫茶店だった。しかも、

「いろどりランチは切らしちゃったんですけど、アスパラだったら」

「アスパラ！」

結果論だが、すごくいい店を見つけた気がした。お任せメニューで最初に出てきたのはアスパラのお

浸し。

あ、めちゃくちゃ旨い！

続いて、朝採れのアスパラの春巻き。アスパラを豚肉で巻き、さらに揚げてある。すごく大きい。

んー、旨い！

美瑛の名産物を最高の形で調理してくれた『喫茶　すずらん』。手を打つどころか、大当たりの老舗喫茶店だった。

料理を待つ間、僕は店置きの旅行雑誌をパラパラめくっていた。手を止めたのは『旭岳温泉　湯元湧駒荘』の紹介ページ。こう書いて〝ゆこまんそう〟と読むらしい。掲載されている写真の雰囲気がとてもいい。しかも日本秘湯を守る会の会員宿となっている。ここだな。温泉俳優の直感はほぼ正しい。

ランチのタイミングを外して四苦八苦しただけに、宿では苦労したくない。雑誌を開いたまま素早く予約の電話をして今宵の宿を無事確保した。ランチ難民になっての大幅なタイムロスを回収する、鮮やかな解決。ピンチの後に楽しみが来る。このジェットコースター感覚が、何も決めない気ままな旅の醍醐味だ。

店を出て早速バスに乗り、旭岳の麓へ向かった。『旭岳温泉入口』というバス停で降りると、あたりは一面霧が立ち込めていた。

昭和25年開業の湧駒荘は旭岳温泉の中で最も古く、5つの自家源泉を持ち、17もの浴槽があるという。部屋で荷物を降ろすと、僕は湯処へ急いだ。

内湯を経て屋外へ出ると肌寒い。7月でも外気温は10度を下回る。「神々の湯」というすごいネーミングの露天風呂をまずはいただく。

わぁぁ、すごいいいい。

豊かな緑と森の香りに囲まれた露天風呂。特にこの日は霧が深く、名前負けしない厳かな雰囲気が漂っていた。

僕は露天推しだが、内湯には内湯の良さがある。北海道のような厳寒の地は、7月でも肌寒いくらいだから、冬場は内湯が絶対に必要だ。湧駒荘でも冬季は「神々の湯」以外の露天風呂を閉鎖する。露天の温度が低かったり、外気温の低さに耐えられなければ、いつでも内湯に避難することができる。中と外。実にうまく出来ている。

湯を出れば、腹が減る。人間は実に欲深い生き物。あれ？　このフレーズはさっき使った気がする。風呂、飯、風呂、飯、風呂、飯。幸せの無限ループだ。

この日の夕食は北海道の夏の旬を使った懐石料理。美瑛産トマトの白ワイン煮には驚かされた。僕が今まで食べてきたものがトマトだとするなら、これはもはや違う食べ物だ。甘みと酸味が凝縮されていて、歯ごたえがすごかった。

続いて富良野メロン。旬の赤肉メロンの中にじゃがいもの冷製スープ（ヴィシソワーズ）が入っている。どうしてこういう組み合わせにしようと思ったのか。別々に食べたほうがい……う、旨い！　この組み合わせは意外にもすごく良かった。知床アワビの塩釜焼も笑ってしまうほど美味しかった。

さすがは秘湯守る会の会員宿。湯といい食事といい、文句のつけようがなかった。

♨木々に囲まれた川沿いにあるワイルドな露天風呂

翌朝。二代目宿主の竹内さんに薦められたコースを辿ることにした。北海道最高峰・旭岳の魅力は麓の温泉だけではない。高山植物を楽しめるというのだ。

旭岳ロープウェイへは宿から歩いて10分だった。ロープウェイに乗り込む前に、チケット売り場のお兄さんに教えられた花を駐車場のはずれに見つけた。日本一遅咲きの桜・千島桜。6月中旬に咲き、2週間で散ってしまうという。派手さはないが、つつましく美しい花だ。遅咲で儚い命という宿命を知ると、より美しく見えた。

ロープウェイは約10分で標高1600メートルへ運んでくれた。降り立ったのは雲の中。高山植物を探して白い世界を歩き回っていると、人だかりに行き当たった。みなさん立派な望遠レンズを構えている。デジタルカメラの液晶を見せていただくと、見たことのない鳥が写っていた。ギンザンマシコ。氷河期の生き証人と呼ばれる、北海道の一部でしか繁殖しないレアな鳥だという。赤くて綺麗な鳥（オス）だった。

アマチュアカメラマンの一団を離れ、山道を歩く。ジブリアニメに出てくるような高山植物を見つけた。手元のパンフレットで確認するとエゾノツガザクラ。紅紫色の可憐な花だ。その後も数々の高山植物を目にしたが、我々が普段生活している低地の植物や花とは、何か雰囲気が違う。なんだろう。みんな色が濃く独特のフォルムをしていて、より個性的にみえる。まるで小宇宙を見ているようだ。過酷な環境下で花を咲かせる生命力が、独特の雰囲気を醸し出しているのかもしれない。

僕の旅は温泉と旬のものが主成分なだけに、こういう小さくて美しい世界に触れると、何かまた違う感情の分野を刺激された気がした。

旭岳を後にし、上富良野町へ向かった。旅の最終日、締めの湯は十勝岳温泉郷だ。湧駒荘の二代目に薦められたのだが、どこの温泉に入るかまでは決めていなかった。上富良野駅前で待機しているタクシーに近づき、女性の運転手さんに尋ねてみた。お薦めは『吹上露天の湯』だという。ＴＶドラマ『北の国から』で田中邦衛さんと宮沢りえさんが入った、山間の露天風呂らしい。決定だ。バス停へ向かおうとすると、運転手さんがテレビカメラを見て聞いてきた。

「なんの撮影？」

「ろせんばすの旅という……」

「ろてんぶろの旅?」

絶妙の聞き間違いに、いや、間違いではないだけに噴き出してしまった。

『十勝岳線』という町営バスに乗り、いざ吹上露天の湯へ。『吹上いこいの広場』というバス停で降り、小川のせせらぎを聞きながら5分ほど山道を歩いた。眼下に見えてきたのは、ひょうたん型の露天風呂だ。湯船の隣にあるテントの下で服を脱ぐ。周囲からは丸見えだ。混浴だが、女性はバスタオルか水着がないと辛いだろう。僕は「一湯入魂」の手ぬぐい一枚あれば、どこでも大丈夫。露天風呂というより、野天風呂。よりワイルドな部類に入る。大好物だ。いただきます。


はーーーーーーーー帰りたくない。


熱めの湯だ。体が温度に慣れてくると、しっくり来る。良い意味で何の飾りもない、大自然の中の湯。泉質は知らないが、熱めの湯が体の芯に強く響いてくるようだった。

ふと温泉の声が聞こえた。余計なことを考えるな。おまえが疲れていようが、いまいが関係ない。何も考えずに入れ。間違っても泉質など口にするな。黙って入れ。そんな風に聞こえた。

人は温泉に裸にされる。裸で臨まないと申し訳ない。いや、裸でさえ受け止めきれない。何を言っているのか自分でもよくわからないが、とにかく温泉は素晴らしいと改めて思った。

感動の波が落ち着くと、僕はカメラに向かって言った。

「またすぐみなさんにお目にかかれると思います。その時までお元気で」

言ってから僕は何を言っているんだろうと思った。勝手に、また旅に行けることを前提に話をしている。いや、たとえテレビから依頼がなくなったとしても、僕は旅を続けるだろう。旅は終わらない。終えられないのだ。ずっと道が続いている。場所ごとに「、」はあるが「。」はないのだ。

金銭面やスケジュール面や仕事の都合や、いろんなことで旅に行けない時期というのがある。僕は今のところ趣味と実益を兼ねて旅が出来る幸せな状況にあるが、そうではない人のほうが多い。だからこそ旅に行けるときは、行っていいときなのだ。旅が「行きなさい」と言っているのだ。だから僕は事情が許す限り、旅をやめない。

川の水音を聞きながら入ることができるワイルドな露天風呂

白金温泉

戦後間もないころの開湯時に、湯の発見者がその価値の高さを白金（プラチナ）になぞらえて名付けた温泉。神経痛に対する効能が高いとされ、別名「杖忘れの湯」といわれる。

「湯元　白金温泉ホテル」

㊟北海道上川郡美瑛町白金

旭岳温泉

大雪山連峰の北東・切り立った大渓谷の中にある温泉。温泉の周囲は整った景観でヨーロッパのリゾートのような雰囲気を醸し出している。

「湯元　湧駒荘」

㊟北海道上川郡東川町勇駒別

吹上温泉　吹上露天の湯

大雪山国立公園の十勝岳連峰の中腹にあり、大自然に囲まれていて美しい四季を感じられる静かな温泉地にあるワイルドな露天風呂。

地球すごい

群馬県吾妻郡嬬恋村「万座温泉」
群馬県吾妻郡草津町「草津温泉」
群馬県吾妻郡六合村「尻焼温泉」

♨抜群の蕎麦と地元の山の幸に舌鼓

２０１７年11月。袖ありを着てきたほうが良かったかとちょっと後悔した。ダウンベストでは寒いくらい。世間的には秋だが、軽井沢はもうすっかり冬の入口に思えた。

僕の二大好物、いい湯と美味しい蕎麦が期待できるルート。今回の旅は長野～群馬を目指すつもりだ。以前から気になっていた群馬の尻焼温泉をゴールに据え、気ままなバス旅が始まった。

軽井沢駅前でタクシーの運転手さんに「今の軽井沢らしいところ」を尋ねると「雲《くも》場《ば》池《いけ》」という答えが返ってきた。

駅前からバスで6分。誰も歩いていない緑の道を一人行く。紅葉の名所・雲場池は、ちょうど色づき始めたあたり。水面が真っ赤に染まる頃には、多くの観光客で賑わうという。僕はこの祭りの前のような静けさが嫌いじゃない。じきに訪れる賑わいを想像しながら、一人でほとりに佇んだ。緑と赤と黄の混ざりを楽しむ。贅沢な時間を過ごした。

雲場池を後にして、旧軽井沢のメインストリート、銀座通りを流してみた。美しく上品に整備された町並み。ふとジャム屋さんが多いことに気が付く。明治初期、避暑地軽井沢には多くの宣教師が暮らしたという。地元の人々が宣教師たちからジャムづくりを教わったことから、根付いたらしい。

〝明治38年創業〟という看板に吸い寄せられた。『中山のジャム』。僕がたまたま入ったお店は、軽井沢のジャム屋さんの中でも草分け的な存在だった。旬のジャムを提供してくれる老舗だ。秋は特にかりん、プルーンなどが美味しいらしい。試食コーナーに行き、まずはプルーンをパンの切れ端に塗って口へ放り込んだ。はいはい、もう間違いない美味しさだ。続いてイチゴ、マーマレード。止まらない。奇をてらわず、素材の良さがそのまま生かされた、素直な美味しさ。これ以上食べたら試食ではなく食事になってしまう。まだまだ食べたい気持ちを抑えて、僕は店を後にした。

さて、そろそろ移動開始だ。銀座通りで手に入れた観光マップを広げると、すぐ目に飛び込んできたのは〝万座温泉〟の文字。よし、行先は決まった。

紅葉シーズンの手前で、しかも平日にも関わらずバスは観光客で満員だった。混みあった車内を見渡すと、中国をはじめとした海外の観光客が多い感じだ。

僕が乗るバスはいつも空いているから、逆に新鮮だった。

45分ほどで降車。乗り換えが必要なのだが、バスが来るまで時間があったため『上信越国立公園内』の『鬼押出し園《おにおしだ》』を覗いてみた。浅間山噴火の際に流れ出た、巨大溶岩がゴロゴロ転がっている。まるで古い絵巻に出てくる地獄絵図のようなスポットだった。

バス停へ戻り、いざ万座温泉へ。嬬恋村の中心地、万座鹿沢口駅前で降り、観光案内所で手作りマップを見せてもらった。今宵の宿探しもそろそろしないといけないのだが、僕はどうにもお腹が空いていた。ジャムの試食で食欲に火が付いていたのだ。マップに載っている飲食店を隈なくチェックし始めた。

観光地だけに食事処はいろいろある。ただ〝蕎麦〟の二文字が視界に入ってくると、もう他が目に入らなくなってしまう。ひとつの店が気になって案内所の方に伺うと、地元で採れた山菜料理や打ちたての蕎麦を出してくれる店だという。うん、決まりだ。

訪れたのは『割烹　中居屋』。山菜の天ぷら付きの盛り蕎麦を注文した。八代目店主が石臼で手引きし、打った蕎麦をいただく。しかも新そばだ。

あああ旨い。

家の近所にあったら間違いなく通いたくなる美味しさ。続いて天ぷら。山ウドの花、ミズ、マタタビ、ウド。七代目が毎日山で採ってくるらしい。

うわーこれも美味しい。

抜群の蕎麦と地元の山の幸。最強タッグを平らげた後、ふと我に返った。万座温泉郷に行くことは決めてはいるものの、どこへ行けばいいのやら？　七代目に相談すると、パンフレットを見せていただいた。抜けのいい青空の下の露天風呂。『日進館』の写真に一目惚れ。よし、ここに決めた！

♨「温泉俳優」として一度見たかった草津の湯畑

店を出てすぐバスに乗り込んだ。予約もとっていないのに向かう。着いてから考える。撮影交渉も直談判だ。ダメだったらその時また考え直せばいい。

『万座プリンスホテル前』というバス停で降りた。バスの運転手さんによると、ここが『日進館』の送迎バスのピックアップポイントらしい。降りてすぐにスマホを取り出し、宿に電話で問い合わせをしようとしたら、ちょうど目の前に送迎バスが停まっているではないか。たぶん、バスの到着時間に合わせて常時待機しているのだろう。僕はスマホを仕舞い、宿のドライバーさんに直接、部屋の空き状況と予約の確認をとった。

運良く部屋は空いていて（平日で良かった）、そのままバスで宿へ送っていただけることに。流れるような進行で助かった。もしも宿が満室だったら、その時考えればいいと思ってはいたが、この日の気温は4度。どうしようどうしようとウロウロ出来る気温ではない。空いてて良かった……。

道中、運転手さんに聞いたところによれば、今朝は初雪が舞ったという。どうりで寒いわけだ。スキー場もある万座温泉は標高１８００メートル。群馬で一番早く冬が来る。

宿に到着。明治6年の老舗旅館だ。例によって部屋に荷物を置くなり、温泉へ直行した。この頃の僕は旅に出て半日以上温泉に入れないでいると、禁断症状が出始めていた。もういい加減湯に入りたい！とジリジリしてきてしまうのだ。

9種類もの湯を楽しめるという『日進館』。僕が真っ先に目指したのは『極楽湯』。もちろん露天風呂だ。細い渡り廊下のアプローチが期待を増幅させる。出口の先に湯船が見えてきた。おー、濁ってる～。硫黄の含有量が日本一らしく、濃い乳白色だ。モザイクいらず。これなら湯船の中で自由に足を動かせる。掛湯をして、いただきます。

あーーー、気持ちいいっすね！

熱めの湯で体が芯から温められる。対して顔は外気に冷やされていく。朝、初雪が舞った万座はもうじきに冬本番を迎えるのだ。万座の雄大な山々を眺めながら入る温泉はまさに「極楽」だった。

僕は夏が好きで、べとついた汗を洗い流してくれる夏の温泉も大好きだ。しかし温泉の醍醐味は、やはり冬にあると思う。世の温泉ファンの多くも、冬のほうが好きなんじゃないだろうか。冷えた体が湯に抱きしめられる喜びは、何物にも代えがたい。

翌朝。一泊二日の旅のため、この日がもう最終日だ。雨が降っていても、雪が舞っていても、清々しい朝だとしても、今日帰るんだなぁと思うと寂しさに襲われる。そしてその寂しさもまた旅のスパイス

草津温泉で随一の広さを誇る露天風呂

だ。もうちょっとゆっくりしたかったなぁという名残惜しさや切なさこそが、旅の一秒一秒を掛け替えのないものにしてくれる気もする。

さぁ、今日はいよいよ尻焼温泉を目指す。あちこち寄り道と寄り湯をしながら、夕暮れ時には到着したいところ。

しかし、宿のある万座温泉郷から草津温泉郷へ出て、途中町営バスに乗り換えるつもりなのだが、本数も少なくタイミングも合わない。このままだと尻焼温泉の到着が大幅に遅れてしまうことが出発前に判明した。

送迎バスを運転してくれた営業部長である山田さんが、困った僕を途中まで送ってくださることになった。

山田さんがマイカーで連れていってくださったのは、白根火山ロープウェイ。尻焼温泉への道中、どんな寄り道がお薦めか？　という僕の質問に応えてくれた形だ。全長２・４キロ。高低差５００メートル。眼下に広がるのは、まるで紅葉の絨毯だった。途中でリフトを乗り継いで見晴台へ出ると、どーんと白馬連峰。冷えた空気で山の稜線がくっきりとしていて美しかった。

ここで残念なお知らせがある。２０１８年1月23日、草津白根山の本白根山が噴火した。この影響で白根火山ロープウェイは被害を受け、翌2月に廃止が決定された。草津の新緑や紅葉を楽しませてくれる貴重なロープウェイがなくなってしまったのは実に惜しい。

ロープウェイを楽しんだ後、草津温泉行きのバスに乗った。わずか15分で草津温泉バスターミナルに到着。しばらく歩くと硫黄の香りが徐々に濃くなってきて、中心地に近づいているのがわかった。程なくして現れたのが湯畑。あぁ、これがあの有名な……温泉俳優を名乗っておきながら、草津温泉に来るのは初めてだった。

「これが本物かぁ」

テレビや観光雑誌ではさんざん見ているのだが、いざ本物を目の前にすると、ひと際感慨深い。と同時に、俺なら入れるんじゃないかという謎の感情が沸き起こってきた。俺に入れない湯はない！　しかし相手は湯畑だ。戦って勝てる相手ではない。

湯畑から10分ほど歩くと、西《さい》の河原露天風呂に着いた。草津だからいくつも湯はあるのだが、僕は〝河原〟という文字に反応した。満願寺温泉に衝撃を覚えて以来、数々の川湯を経験してきた僕は、川（河）と聞くと、条件反射で向かってしまうのだ。

広い。何百人入れるんだろう。圧倒的なスケールと開放感だ。囲いの向こうに色づき始めた山、頭上は遮るもののない大空。掛湯をして、いざ、いただきます。

ああ気持ちいぃ〜。

肌がピリピリする。なんでも強酸性泉というものらしく、目に入ると痛くて開けられないほどだ。こういうのも刺激的で楽しい。

雨男には珍しい晴天。真昼の露天。秋風が気持ちいい。最高の贅沢気分を味わえた。

♨地球のすごさを再確認できる川の露天風呂

草津温泉バスターミナルに戻り、いよいよ最終地点の尻焼温泉を目指す。草津温泉の西の河原露天風呂は素晴らしい助走になった。ウォーミングアップは万全だ。

バスは満席。秋の草津は観光客でいっぱいだ。『長野原草津口』という停留所で降り、乗り換える。小さな町営バスがとことこやってきた。

このまま尻焼温泉へストレートに行ってもいいが、まだ時間に余裕がある。

どこか楽しい寄り道をして、最終湯にさらに弾みをつけたいところだ。運転手さんにお薦めのスポットを伺い、『道の駅　六合』というバス停で途中下車した。

ろくごう、ではない。これで〝くに〟と読む。バス停の目の前にある道の駅へ入ってみた。店内には様々な地元の食材が売られていたが、六合地区の特産品に目を奪われた。花豆。紫強めのピンク色だ。どんな味なんだろうか。道の駅の隣にある『お休み処　くに』で花豆ジェラートが食べられると聞き、行ってみることにした。小腹も空いていたからちょうどいい。

六合村が合併する前の最後の村長・山本三男さんが経営するお店。早速、花豆ジェラートをいただい

川がそのまま露天風呂になっている、
全国でも珍しい温泉

た。旨い。小豆のような濃厚な味わいだ。地元愛溢れる元村長・山本さんのオリジナルなのだろうか。

「ここでしかないでしょう？」

「あちこちあるんですけどね」

山本さんは面白い方だった。地域に貢献したいとの思いから、村長を退任後もこうして店を切り盛りし、細くて丈夫な山ブドウの弦で鞄も作っているという。ひとつ数万円もする高級かばんで、都内の百貨店から予約が殺到しており、製作が追い付かなくて大変らしい。ちなみに山へ弦を取りに行ったら、頭の上にクマが落ちてきたという。

面白い話を伺っていたら、あっという間に時間が経っていた。腕時計を見た。結構いい時間だ。というか、ヤバい。何本か逃していた挙句に次のバスまで相当時間がある。歩くとなると1時間20分程度はかかるという。仮に歩いたら、到着する頃には真っ暗になってしまうだろう。僕は優しそうな山本さんに甘えた。

「三男さんと一緒にどうかなぁって」

「一緒には入れないけど、送るくらいならしますよ」

山本さんはニコニコしながら快諾してくださった。

マイカーで送っていただき、さらに山道を10分ほど歩くと〝川の湯〟という看板を発見。まもなく川が見えてきた。橋を渡ると、斜め下の河岸に先客を見つけた。川面からは湯気が立ち上っている。

尻焼温泉は長笹川を堰き止めて作った巨大露天風呂。満願寺温泉は川沿いの湯だったが、こちらは川全体が温泉と化しているわけだ。

温泉名は「尻を焼いた」、つまり、河底から湧き出す湯で温められた石に腰を下ろして、痔を治したことが由来だそうだ。

自然そのものの露天風呂なので、大雪や増水などがなければ無料でいつでも入ることが出来る。

川岸に降り立ち、早速川面に手を突っ込んで、温度を確認してみた。川底から熱湯が湧き出しているということは熱すぎるか、川の水が勝って冷たいか、どちらかだろうと思ったのだ。ところが、僕が手を突っ込んだ場所がたまたま良かったのか、びっくりするほどちょうどいい湯加減だった。

女性は水着かバスタオルが必須だろう。脱衣所はない。道路や橋の上からは丸見えだ。満願寺温泉のように道路は至近ではないが、それでも遠目に裸の人間がいることが確認できる距離。つまり、満願寺温泉がワイルド系露天風呂のボスキャラだとすれば、この尻焼温泉は、デビュー戦にもってこいだ。

僕にしてみれば、脱衣所などはあろうがなかろうが関係ない。どうであれ入る。満願寺温泉を経験している僕にもう怖いものはない。岩場で一瞬にして裸になる。

桶もないから掛湯もなしだ。僕は温泉というより、これから大自然の中の川そのものに入ろうとしているのだから。岩場に足をとられて転ばないよう、慎重に入っていく。足場が安定したところで一気に身を沈める。

はあああああああああああああああああ。地球すごい……

あまりの気持ち良さに言葉が出なかった。しばらくうっとりしていると、熱っつ！　ところどころ川底に穴が開いていて、そこからポコポコと熱湯が湧き出てくるポイントがある。そこにうっかり尻を乗せると焼けるように熱いのだ。そういうポイントを避ければ実に快適に、最高に気持ちいい。岩肌がヌルヌルしていて滑る場所もあるが、少し深くなっていて泳げる場所もある。これは大人数で来ても絶対に楽しいだろう。

温泉俳優という言葉が独り歩きし始め、認知されてきた。旅先で声を掛けていただく機会がどんどん増えてきた。本当に有難いことだ。

しかし温泉に入れば入るほど、僕は温泉を説明できなくなっている。「気持ちいい」しか言えないし、温泉の良さは「気持ちいい」という表現だけで説明することは無理だ。だから、どうしていいのかわからなくなってしまう。

温泉はどうしてこんなにも気持ちいいのだろうか。わかってしまえば終わりなんだろう。わかるわけがないのだし、わからないからこそ僕の旅は終わらないのだ。

万座温泉

標高1800mの自然豊かな国立公園内に湧く温泉。日本一の硫黄含有量を誇り、美人の湯として全国に名を馳せている。

「日進館」

住 群馬県吾妻郡嬬恋村干俣万座温泉2401

草津温泉

日本を代表する名湯で、日本三名泉の一つ。温泉街の中心に位置する"湯畑"は草津温泉のシンボル的存在。

「西の河原露天風呂」

住 群馬県吾妻郡草津町大字草津521-3

尻焼温泉

長笹川の川底から源泉が湧き出し、川自体がそのまま露天風呂になっているという全国でも珍しい温泉。

再湯の旅

秋田県湯沢市「大湯温泉」
秋田県仙北市「乳頭温泉」
秋田県仙北市「蟹場温泉」
秋田県仙北市「大釜温泉」
秋田県仙北市「孫六温泉」
秋田県仙北市「妙乃湯」

♨ 4年目の浮気未遂

旅の醍醐味は2つあると思っている。ひとつは未知との出会いだ。初めて出会う人々とのふれあい、初めて見る景色、初めて口にするその土地の味、そして初めての湯。

もうひとつは再訪の喜びだ。もう一度会いたい人々、もう一度見たい景色、もう一度食べたい忘れられない味、そしてもう一度入りたい湯。

2017年12月。僕は秋田駅にいた。4年ぶりの再訪だ。前回訪れたのは9月。晩夏の秋田を満喫した。あの日、乳頭温泉・鶴の湯に入りながら、僕は密かに再訪を心に決めていた。冬の秋田に来たい。雪景色の乳頭温泉にどうしても入りたい、と。

4年間秘めてきた思いが今日叶う。僕は興奮していた。最初に訪れる町も最初の食事も、もう決めていた。しかし、バスの出発まで1時間以上あった。どうしよう。せっかくだから秋田駅周辺で、何か面白い場所はないかな。観光案内所で紹介されたのは『ねぶり流し館』。正式名称は『秋田市民俗芸能伝承館』といい、読んで字の如くの場所らしい。とにかく行ってみよう。

バスに乗り込んだ。さあ旅の始まりだ。頭の中で浜田省吾の『路地裏の少年』が流れる。が、わずか4分。一曲終わらないうちに目的地に着いた。

ねぶり流し館は、秋田の民俗行事や伝統芸能の保存を目的とした施設。僕は観光案内所で薦められた竿燈《かんとう》を見せていただいた。竿燈とは長い竿に提灯がいっぱいついたもの。毎年8月3〜6日に行われる『秋田竿燈まつり』で使用されるものだ。竿燈全体を稲穂に、連なる提灯を米俵に見立てて豊作を祈る。大きいもので高さ12メートル、重量は50キロ。これを担ぎ手が額や腰、肩などに乗せるなどして妙技を競い合うのだ。

僕もやらせていただいた。ギッシギッシと竿灯がしなる。重さもさることながらバランスが難しい。これを屋外で、しかも風に吹かれながらやるのか……。当たり前だが僕には無理だ。訓練を重ねた人にしか出来ない芸当。実際に祭り本番を見てみたくなった。夏か。三度目の秋田は、初訪と同じく夏になるかもしれない。

竿燈に感動した僕は、秋田駅に戻り横手行きのバスに乗った。4年前にも訪れた町。僕は降り出した雪の中、4年前と同じものを食べにいくつもりでいた。ピンと来た人もいるだろう。横手焼きそばだ。4年前と同じ店に行ってみようか。

横手バスターミナルに着いた。僕は降車の直前、運転手さんにお薦めの専門店を聞いた。4年前と同じ店でもいいのだが、違う店も試してみたいと思ったのだ。『おおさわ』という店が美味しいらしい。

降車して横手の町を探し回ってみたのだが、なかなか見つからないため洋菓子屋さんに入り、尋ねてみた。『おおさわ』にこだわらなくても、美味しい店ならいい。もうこれ以上雪の中を歩きたくなかった。お腹が鳴っている。早く食べたい！

「この近くで美味しい焼きそば屋さん、ありますか？」

おじいさんが対応してくれた。

「うちの隣にあるよ。一度、こんな風にテレビが来たことあるらしいよ。誰だっけな。原田さんって言うんだっけな？」

おじいさんは最後まで僕に気付かなかったが、ともかく隣の店に行ってみた。『焼きそばのふじわら』。僕が4年前に来た店だ。すごく美味しかったし、大将と奥様も優しくしてくださった良い店。あぁ、僕はこんなにいい店をおいて浮気をしようとしていたのだ。だから旅の神様に引き戻されたんだろう。でも神様。僕は違う出会い、違う味も知りたいんですよ。よし。もう一軒探してみよう。僕は『ふじわら』を過ぎ、パン屋さんで話を聞いた。

「B級グルメのグランプリで優勝したような店に行ってみたいんですけど……」

どうせ浮気をするなら、とびきりの美人がいい。しかし、お薦めの店はかなり遠く、バスもなかった。

僕はさんざん浮気をしようとした挙句、4年前と同じ『ふじわら』に入った。

「おかあさん、お久しぶりです」

どの口が言っているのか。店に入ってすぐ視界に飛び込んできたのは、壁に飾ってあった一枚の写真だ。大将と奥様と僕が3人で収まっている。写真はサインと共に額に入れられていた。あぁごめんなさい！　浮気しかけた僕を、大将と奥様が笑顔で迎えてくださった。大将はもう80歳近くになられた。お二人ともお元気で何より。４年間、ずっと頑張ってこられたんだなぁ。

茹で麺を使用し、脂を使わず蒸し焼きにする横手焼きそば。半熟卵と福神漬けがのっている。箸先で黄身に切れ目を入れ、いただきます。４年ぶりの味、しかといただきます。


あっつぅ！　……あ、あ、うまい。うまい……この味思い出した！


舌は覚えているものだ。味はもちろん、いろんな感情が渦巻いて美味しかった。

「また秋田に来たら、来ますね！」

今度は浮気しない。

♨ 体が覚えてる

再会の喜びを噛みしめながら、横手バスターミナルに戻った。旬を聞こうと案内所へ。４年前と同じ案内係の方だった。綺麗な人だから覚えてい……いやいや、僕は結構人の顔は覚えているんです。たとえ数分だとしても旅先での出会いは濃く凝縮されたもの。だから忘れないのだと思う。

「増田の内蔵なんて、いかがですか？」

内蔵？　なんだろう？　なんだろうを確かめるために旅はある。バスで30分。増田町に着いた。街道の合流地点として、江戸から大正にかけて流通の要として栄えた町。歴史ある商家が立ち並んでいた。内蔵ってなんだろう？　酒蔵で聞いてみよう。『日の丸醸造株式会社』。僕は存じ上げなかったが、地酒ファンにはつとに有名な酒蔵らしい。玄関先に入ってみて驚いた。廊下が先が見えないほど長く、奥へと続いているのだ。

「すごい奥行きですね」

「この奥に内蔵があります。奥へ長いのが内蔵の特長なんです」

内蔵のある建物を教えてもらおうと思ったら、なんと内蔵があるという。早速、見せていただいた。内蔵は豪雪から財産を守るため、屋内に建てられた蔵のことだった。ものすごく美しく立派だった。贅を凝らした蔵は客室や冠婚葬祭にも使われるという。増田町には、派手さのない落ち着いた外観からは想像もつかないような美しく立派な内蔵が潜んでいるのだ。

もうひとつ訪れた内蔵が『町の駅 福蔵』。4年前、長年の空き家を地元のお菓子メーカーが買い取ったという。立派な内蔵が無料開放されていた。内蔵もさることながら、屋根からぶら下がっていた干し餅に驚いた。餅に多量の水分を含ませて凍らせ、さらに寒気に晒して乾燥させた、雪国ならではの伝統的保存食。

なんだこの食感！　初めてだ！　僕は好き！

シャリシャリしていて、米ならではのかすかな甘味がある。どう説明していいかわからない。興味がある方はぜひ雪国で食べてみてほしい。

その後『だんご茶屋 囲碁李』で三色だんごを食べながら、僕は今宵の宿へ予約を入れた。もう旅の前から決めていた宿だ。


増田町を後にしてバスに乗った。『稲庭麓』で乗り換え。銀世界の中をバスが走った。『島谷』というバス停で降りると、4年ぶりの笑顔が待っていてくれた。『奥小安 大湯温泉 阿部旅館』の宿主、阿部さんだ。

宿まで阿部さん運転の送迎車で向かった。4年前と同じ道を、全く違う風景の中で進む。一面の銀世界。そして4年前と全く変わらない旅館が僕を待ってくれていた。部屋に荷物を降ろすなり、すぐに露天風呂へ向かった。

ここは湯へのアプローチが実に素晴らしいのだ。4年前と同じ緩やかな下りの渡り廊下。すれ違うのがやっとの道幅。歴史を物語る左右の黒塀。行き先を案内するように低い天井からぶら下がる電球。なんとも気分を高揚させる造りだ。

魅惑の渡り廊下を抜け、露天風呂へ。掛湯して、4年ぶりにいただきます。


ああきもちいい……うわぁ……きもちーーー！

この湯だ。体が覚えていた。しばらく目を閉じて湯をかみしめたのち、開けて山肌を見た。雪はほとんどない。温泉の地熱で雪が解けてしまうのだ。銀世界もいいが、温泉ならではの景色もまた良し。冬の大湯温泉を満喫した。

夕食は旬の郷土料理。産卵期で食べ頃の、ハタハタの塩焼き。キノコたっぷりのきりたんぽ鍋。

うまい！！！

なんといっても湯沢市皆瀬の〝皆瀬牛〟のステーキ。市場に出回ることが少ない貴重な肉。4年前にも感動したステーキがもう運ばれてくる時点で旨かった。もう甘い脂の匂いがしているのだ。脂がしつこくなくて最高だった。

4年ぶりの阿部旅館は、湯もご飯もやっぱり素晴らしかった。

♨変わらない姿

翌朝。阿部さんが横手バスターミナルまで送ってくださった。車中で奥様との馴れ初めを聞いたり、楽しい道中だった。宿もいいけど、この人と話しているのも楽しいし、落ち着くのだ。僕は三度目の秋田でも、再訪したいと思った。

阿部さんに別れを告げ、バスに乗り込んだ。発車の直前、ふと車窓を見ると、

4年ぶりに再会した案内所の方をはじめ職員のみなさんが雪の中で手を振っていた。バスが動き出した。僕は急いで窓を開け、手を振りながら叫んだ。

「今生の別れみたいになってますけど、僕はまた間違いなく秋田へ来ますから！」

そう。いつかはわからないけれど、また来まする。改めて思った。

旅の前から事前に決めていた場所に着いた。美郷町・六郷。4年前にも訪れた、『名水百選』や『水の郷百選』などに認定される東北屈指の〝水の町〟だ。

大雪。地元の方には普通なのか。東京なら大パニックになるような降雪の中、『ハタチや清水』へ向かった。4年前にも訪れた『ハタチや酒店』という酒屋さんの敷地内に湧き出ている清水だ。酒屋のご主人・高橋さんと再会の握手を交わし、清水を見せていただいた。夏は冷蔵庫代わり。冬は雪下ろしや雪除けで出た大量の雪を解かす〝雪消し〟になるのだという。

「また来ます！」と手を振り、再び雪の中を歩いた。向かったのはかつて佐竹藩が炊事に利用していたことに由来する『御台所清水』。夏場、近所の方が野菜を洗っていた大きな水場は所々凍っていた。ここもまた〝雪消し〟なのだろう。

清水の裏手にある畠山さんの家を訪ねた。4年前、いきなり訪ねた僕に漬物と炊き立てのご飯をくださった方だ。4年前の恩返しにご主人の雪下ろしを手伝ったのだが、お礼にとまたしてもお漬物を御馳走になってしまった。大根の柿漬けに、いぶりがっこ。最高に美味しかった。ご馳走になってしまったから、また恩返しにこなくてはならなくなった。

お漬物に夢中になり、バスの時間が迫っているのを忘れていた。雪の中を走った。これを逃したら50

分待たなくてはならない。靴はもうぐちゃぐちゃ。こけないよう、しかし全力で走った。ギリギリ間に合ったのだが、バスが出てからもしばらく、ずぶ濡れのまま肩で息をしていた。

行き先は次も決まっていた。武家屋敷が有名な〝みちのくの小京都〟角館だ。

4年前。僕は観光の目玉である武家屋敷を素通りし、下校途中の小学生たちと駄菓子屋で遊んだのだ。『駄菓子屋 げんべい』は4年前と変わらない姿で、雪の中に佇んでいた。おばあちゃん、いたらいいな。4年前で83歳だったから、今87歳か。もしお留守でもお元気でいてほしい。扉を開けると、店の奥から顔を出したのは相変わらず元気そうなおばあちゃんだった。

「ごぶさたしてました」

「よういらした」

にこやかでお元気だったのが、何より嬉しかった。もうひとつ嬉しかったのは、棚にセロハンテープで貼り付けてあった紙の切れ端だ。

〝原田りゅうじ　全国ほそう　全国〟と書かれてあった。おばあさんの手書きだ。4年前、僕が帰った後にせっせと書いたんだろう。熱いものがこみ上げてきた。

そうだ。手書きだ。僕も書こう。おばさんに先月のカレンダーをもらい、裏にマジックで書きこんだ。

〝4年前に角館に来た時に僕と会った子供達。覚えてるかな？　中学生になったかな？　会いたかったなぁ。みんな元気でね！　また来ます！　原田龍二〟。

後日談だが、中学3年生になったという子供達の一人から連絡があった。僕が去った後、おばあさんが教えてくれたのか、駄菓子屋に行ったらしい。お会いできなくて残念です、と。

もしかしたら、この本を読んでくれているかもしれない。

〝僕も会いたかったけど、会えなかったことを残念とは思っていないよ。会えなかったからこそ、大きくなった君たちの姿を想像して楽しいんだよ。そしてまた秋田を訪れる理由のひとつが出来た。今度は会えたらいいね。待ち合わせ場所は、わかるよね〟

おばあちゃんに別れを告げた僕は、せっかくだからと4年前には素通りした武家屋敷を楽しみ、『三吉美人ママのお店』という味噌のお店で、ハタハタ寿司を御馳走になったりと、4年前には知らなかった秋田・角館の新しい顔を知った。まだまだ知られざる魅力があるのだろう。再訪したら、泊まってみるのもいいかもしれない。

♨ 感謝の湯

角館を後にした僕は、今宵の宿へ向かった。バスを乗り継ぎながら、じわじわと喜びがこみ上げてくるのを抑えられなかった。4年越しの願いがもうすぐ叶おうとしている。思わずニヤニヤしてしまうのだ。嬉しすぎて降車寸前に小銭を床に落としてしまった。

『アルパこまくさ』というバス停で降りると、宿の送迎バスが待っていた。僕は緊張してきた。宿はあの頃のままの姿で僕を待っていてくれるのだろうか。

湯は今の僕を受け入れてくれるのだろうか。

乳頭温泉郷『秘湯 鶴の湯』。白銀の中、木造の門の向こうに茅葺屋根の長屋と杉皮葺きの湯小屋がひっそり佇んでいる。暗がりの中で灯された長屋の灯りが連なり、誘うように奥へと伸びている。長屋の手前には灯りを内包した小さなかまくらがずらりと作られてある。

4年前の夏に訪れて以来、旅行雑誌やネットで鶴の湯の記事を見るたび、ことごとく雪景色の写真が飾られていた。夏も素晴らしかったが、冬に必ず来たい。4年越しの念願に現実になった。

「おーい！　どもども！　お久しぶりでや！」

4年前、僕の客室係をしてくださった大前さんとの再会。あの夏、カメラが止まった後に一緒に温泉に入り、語り合った方だ。

鶴の湯の粋な計らいで、4年前と同じ部屋に泊まることになった。入室するなり思わず囲炉裏のそばに腰かけたが、すぐに立ち上がった。返しがすごい。溢れそうだ。僕は母屋を出て、敷地内の雪道を歩いた。白銀のアプローチを経て、脱衣所へ。氷点下の中、鳥肌全開ですっぽんぽんになる。寒い。寒すぎる。早く僕を受け止めてほしい。4年ぶりの露天『白湯』。ただいま。いただきます。


うっわはははーん！！！！

あああ。感無量とはこのこと。もう何も言うまい。僕はしばらくじっと目を閉じていた。目を開ければ、これが夢ではないとわかる。目を開けたいから目を閉じた。湯はもちろん、夕食もまた僕が再訪したかった理由のひとつだった。ここの『山の芋鍋』が4年間ずっと忘れられなかったのだ。スタッフたちとも「鶴の湯の芋鍋食いたいなぁ」とたびたび話題にあがっていたほど。大前さんがよそってくれた鍋をすすり、芋を放り込んだ。

あっあっあっ………うんめーーーー!!!

4年前、僕はこの芋鍋を〝最後の晩餐にしたい〟と言ったが、4年ぶりに表現を更新しようと思う。〝日本一旨い鍋〟だ。

会いたい人が元気で、僕も元気で再会できた喜び。あの頃と変わらない湯、ご飯。僕が再び秋田に来ることが出来たのは、僕が健康で元気で4年間を過ごせたからだ。お世話になったすべての人に感謝したい。そんな夜だった。

♨ 生き返る

翌朝。この日は朝から気合が入っていた。乳頭温泉郷には、僕がお気に入りの鶴の湯の他に、6つの温泉がある。旅の最終日に、時間の許す限り味わってみたかったのだ。

湯めぐり帖を手に、僕は鶴の湯を出発した。これは1800円で7軒(鶴の湯・妙乃湯・蟹場・大釜・

孫六・黒湯・休暇村）の入浴が可能で、各温泉を結ぶ巡回バス（湯めぐり号）も乗り放題という、夢のようなアイテム。温泉に入るたびにスタンプが押されていくのだ。

湯めぐり号に乗り込んだ。白銀の中をバスが巡る。雪道を曲がり、雪の坂を上り、雪林を抜ける。バスの終点となる『蟹場温泉』に着いた。近くの沢に蟹がたくさんいることが温泉名の由来だという。

受付でスタンプを押してもらい、さらにそこから原生林を歩いた。氷点下で体が冷え切ってしまった。脱衣所で寒さに身悶えしながら服を脱ぎ、露天『唐子の湯』へ。本日の一湯目、いただきます。

さいこーだーー！　くそーーーー！

鶴の湯とは違い、無色透明。それほど熱くはないが、じっとしていると芯から温めてくれる湯だった。

『蟹場温泉』から雪道を歩くこと3分ほど。二湯目は『大釜温泉』。

あっビリビリする、熱めだ……あ、ああ、あああああ……

源泉は98度。蟹場温泉と少ししか離れていないのに、泉質が全然違うのが面白かった。三湯目となる『孫六温泉』は、『大釜温泉』から800メートルほど離れている。しかも冬場は通行禁止で、湯めぐり号に乗れない。歩いていくことしかできない秘湯だ。歩くうちに冷え切ってしまうのではないか、という心配は杞憂に終わった。二湯立て続けに行った効果で、到着した15分後には汗だくの状態だった。体を芯から温めてくれる温泉。やっぱりすごい。

『孫六温泉』の別名は薬湯。湯治場の風情が色濃く残る秘湯で、源泉の違う湯が4つもある。僕は内湯を通り過ぎ、胃腸や皮膚病に効くという露天『石の湯』へ。鶴の湯と同じ乳白色。いただきます。

あ、ぬるめ。湯の花いっぱい……ああ、ああああ

休む間もなく歩いて20分。四湯目の『妙乃湯』に着いた。大前さん曰く「乳頭温泉郷の中で最も女性人気が高い湯」だという。宿は美しく清潔感に溢れ、料理も好評とのこと。女性人気の理由がわかる。7つの湯船が用意されているのだが、僕は渓流が望める混浴露天『金の湯』をいただきます。

あああ！　きもちーーーーーー！

川のせせらぎを聞きながら、舞う雪を愛でながら。温泉って本当に素晴らしい。日常の中で幸せな瞬間を見つけるのは難しい。辛いことのほうが多い。しかし温泉は入る人全員を幸せにしてくれる。

『黒湯温泉』は冬季は休業。もうひとつは少し離れた場所にある近代的な休暇村で、時間的に厳しい。というわけで、次の五湯目を旅の最終湯とすることにした。『鶴の湯』。ここ以外の締めは考えられない。

ここまで四湯。疲労感が心地良い。寒さで縮こまっているが、気持ちはのびのび行きたい。なんせ最終湯だ。

はあああああ。きもちーーーーーー！

昨晩よりも温かい。昼夜の差だろうか。最後はゆっくり入ろう。僕は目を閉じた。しばらくして開けると、目の前に雪景色が広がっていた。

やはり温泉は、特に露天風呂は冬だ。氷点下の雪景色の中で、全身を温かく包み込んでくれる湯。自然の厳しさと恩恵を同時に味わえる、究極の贅沢だ。

なぜだろう。死んでもいないのに、生き返る気がする。温泉は何度も何度も、入るたびに人を生き返らせるのかもしれない。

温泉は素晴らしい。再確認させてくれた秋田の旅。

またいつか。

蟹場温泉

乳頭温泉郷の再奥にある温泉。付近の沢に蟹が多く住むことから「蟹場温泉」と名付けられた。

大釜温泉

木造校舎を移築したユニークな宿から醸し出すどこか懐かしい雰囲気が魅力の温泉。

孫六温泉

湯治場の風情を残している温泉で、乳頭温泉郷の中で最も鄙びた温泉。

妙乃湯

古くからの鄙びた建物が多い乳頭温泉郷にあって、モダンな雰囲気が女性に人気。

涙の理由

鹿児島県三島村硫黄島「洞窟温泉」
鹿児島県三島村硫黄島「東温泉」

♨秘島への旅　波乱の幕開け

『それがしりたい　～ニッポンおもしろいネ～』の初回放送分で、先輩俳優の三波豊和さんと北信州を旅したのが2012年の初秋だった。長野・雨飾高原の露天風呂で、葉っぱで前を隠して入湯したデビュー戦。あそこから、僕の温泉道が始まったのだ。

後番組となる『日本の旬を行く！　路線バスの旅』が始まったのが2014年4月。僕はこの番組で日本全国の名湯、秘湯を旅させていただき、どっぷりと温泉に魅せられてしまった。

そして2017年12月。レギュラー番組『路線バスの旅』は放送継続しつつ、『原田龍二の一湯入魂』という特別番組の企画をいただくことになった。とうとう来るところまで来てしまった感がある。もう〝路線バス〟という言葉も取れてしまった。僕はもう完全に温泉という湯にハマって抜け出せなくなってしまったのだ。

この特番は川温泉、海温泉、山温泉。難攻不落の3つの秘湯に挑む、という趣旨だった。それぞれの大自然が恵んでくれる秘湯への旅。僕はまず海温泉の舞台となる鹿児島へ飛んだ。

2017年11月。鹿児島港から硫黄島へ向かうフェリーを待っていた僕に、耳を疑うニュースが届いた。欠航だ。陸は晴れているのに、沖は荒れていて波が高いためらしい。旅のスタートでいきなり肩透かしを食らってしまったわけだが、もうこればかりは仕方がない。温泉という自然の恵みをいただきに行くのだ。海や天候という自然に対して物申すことなどできない。

結局その日は鹿児島市内のビジネスホテルにおとなしく泊まり、明日を待つしかなかった。

翌朝。この日も欠航だったらその時点で旅は終了だ。僕は仕事のスケジュール上、延泊することはできなかった。頼む！　僕は空を仰いだ。

祈りが通じたのか、午前9時30分。『フェリーみしま』は無事に鹿児島港を出港した。片道4時間のフェリー旅だ。

錦江湾を南下すること1時間。開聞岳《かいもんだけ》が姿を現した頃、僕は一人デッキのベンチに佇む男性が気になった。これから島へ向かう島外の人なのか、あるいは島へ帰る島民なのか。話しかけてみると、島民の方だった。伊勢えび漁を営む漁師さんだという。しかも三島村（硫黄島、黒島、竹島の三島）の村議会議員さんだという長濱義人さん。面白そうな方だ。がぜん興味が湧いた。

「何かお手伝いすることないですか？　なんでもやります」

伊勢えびのおこぼれにあずかろうという卑しい気持ちからではなく（少しあった）、島民の方とふれあいたかったのだ。旅は人との出会いからすべてが始まる。情報収集はもちろんだが、何かの化学反応が必ず起きるものだ。

僕の図々しいお願いを聞き入れてくださり、島での漁に同行させていただくことになった。

そうこうしているうちにも船は進む。出港から3時間。とうとう硫黄島が姿を現した。ランクAに指定される火山島だ。エネルギーに満ち溢れた、まるで生き物のようだと感じた。僕は秘湯ではなく、秘島に向かっているのだという思いを強くした。

入港間近。港の海水が赤いことに気付いた。海底からの噴出物と海水が交じり合って染まるのだという。離島へ来た実感。旅人としての心地よい緊張感が高まった。

高揚した旅人の気持ちをより刺激したのは、島民の方々の出迎えだった。太鼓を打ち鳴らし、激しく踊ってフェリーを歓迎してくれたのだ。決してTV用ではない。僕が島へ行くことなど誰にもお伝えしていない。

実は三島村はギニア共和国と友好関係にあり、伝統打楽器であるジャンベを贈呈されたのだという。三島村にはコンビニもスーパーもない。一週間で4便しかないフェリーによって物資が届けられる。まさに島民のライフライン。島へ訪れてくれる人に対する歓迎の意味合いもあるだろうが、入港自体が島の人々にとって待望の瞬間なのだ。入出港ごとに島民が演奏するのは、喜びと安堵の体現なのではないか。そんな気がした。

港に降り立つと、長濱さんが一人の男性を紹介してくださった。今別府秀美さん。公用船の船長さんだという。

ここで一旦、長濱さんに別れを告げ、僕は今別府さんの車に乗せていただいた。硫黄島特産の椿の収穫を案内してくださるという。人から人へのリレー。誰一人知り合いもいない島にやってきた旅人を、人の善意が運んでくれる。

♨僕は日本のことをまだまだ何も知らない

今別府さんの車が、左右に畑が広がる椿ロードと呼ばれる道をひた走った。硫黄島には公共交通機関がない。車かバイクか自転車か徒歩のみだ。観光地ではないから、観光客向けのホテルや旅館はない。数軒ほどの民宿は建設業の方の定宿だろう。飲食店もスーパーもコンビニもない。産業も少なく、椿の実から精製する椿油が特産品なのだ。

車は走れど走れど、収穫している人の姿が見当たらない。65世帯131人の村だが、誰か一人くらいいてもおかしくないのに、だ。実は僕が訪れた11月は村長選挙の真っ最中だったようで、畑仕事の方たちがいなかったらしい。普段ならあちこちで実を拾う姿が見られるという。諦めかけていたその時、一人の女性が身をかがめていた。

折田恵美子さん。70年以上、椿を拾い続けているという。

「特産品っていたって、これしかないから」

折田さんが苦笑いする。

「亜硫酸ガスと塩害で、椿以外の農業が成り立たないから」

僕はお手伝いさせていただくことにした。堆積している落ち葉を指先でかき分けながら、ひたすらに小さな椿の実を探す。木陰は薄暗くて手元もよく見えないため、なかなか見つからない。究極に地味な作業だ。とにかく拾い続けて、ようやく籠に実が溢れてきた。しかし1キロ620円前後が相場だと聞いて愕然とした。

「楽な金儲けはないよ」

そう言って笑い、黙々と拾い続ける折田さんを見て、僕は島民の方の逞しさに胸打たれた。

僕の知らない世界が、仕事が、人々が日本にはたくさんある。旅はいつだって、僕がまだまだ何も知らないことを教えてくれる。

折田さんに別れを告げ、今別府さんに海へ連れて行っていただいた。長濱さんの伊勢えび漁をお手伝いするためだ。お手伝いする、というかさせていただく。僕のような素人が押し掛けるのは、プロにとっては足手まとい以外の何物でもない。なるべく迷惑をかけずに、その世界観を勉強させていただくのだ。

船に乗り込み、長濱さんの指導の下で網を仕掛けた。揺れる船上で網を海へ降ろしていくのだが、これが難しい。長濱さんは立ったままで手際よく仕掛けていくのだが、僕はバランスがとれずにフラフラしてしまう。片膝をついてもダメ。両膝をつき、15分かかって網を降ろし終えた。一晩寝かせ、明日の朝に網を引き揚げるのだ。

明日もお手伝いさせていただくことを約束をして、長濱さんと別れると、今別府さんが僕を御自宅に招いて下さった。奥様が郷土料理をふるまってくださるという。

食卓に出てきたのは、僕の大好物である鍋だ。蓋を開け、立ち上る湯気の向こうにいたのは島の特産品、大名タケノコ。これが旨い旨い！　〝タケノコの王様〟と呼ばれているだけあって、甘味が強く、味が濃厚で歯ごたえもすごい。こんなに美味しいタケノコは初めてだった。

晩酌しながらタケノコを楽しむ。最高の夜だ。しかも今別府さんの話が、ほろ酔いの僕をさらに上気させた。

「島中至る所で温泉が湧いていますけど、洞窟温泉は秘湯中の秘湯でしょうね」

「洞窟温泉⁉」

興奮する僕に、今別府さんは笑って提案した。

「明日、長濱さんにお願いして連れて行ってもらっては？」

その夜、僕は高鳴る胸をなんとか沈めて眠りについた。

秘島の秘湯は秘湯中の秘湯だった

翌朝。長濱さんと共に、前日に仕掛けた伊勢えびの網を引き揚げた。伊勢えびはおろか、魚も全然かかっていない。色鮮やかな熱帯魚が一匹、地味な魚が一匹だけだ。前日は満月。満月の夜のことを漁師たちは月夜と呼び、月夜には月が明るすぎて魚介類はとれないらしい。坊主か、と諦めかけたその時、伊勢えびが一匹かかっていた！

唯一の収穫を、長濱さんは生きたまま網の上で直火にかける〝地獄焼き〟でふるまってくれた。もう言うまでもない。旨すぎた。食べている間、ずっと笑っていた。

長濱さんはさらに出荷用に生かしておいたというセミエビもふるまってくれた。エビ界のエース・伊勢えびの後の登板だったが、どうしてどうして、これも旨いのだ。伊勢えびよりもコクがあり、充分に甘かった。

僕は長濱さんに洞窟温泉について尋ねた。尋ねたというか、はっきり言っておねだりだった。

「入れないけど、見に行く？」

かつて船が岩にぶつかって座礁したことがあり、洞窟の奥には入り込めないという。

しばらく船を走らせると、〝東の立神〟と呼ばれる小さな無人島が見えてきた。ああ！　波で削られた岩場が洞窟のように口を開けている。そして断崖の表面から湯が染み出し、それが海に向かって滝のように流れ落ちている。

長濱さんは慎重に船をギリギリまで寄せてくれた。滝に触れられる距離まで来た。僕は手を懸命に伸ばした。

目の前の絶景を独り占めし、波音を聞きながら入る湯は格別

あちちちちちちちちちちち！！！！

驚くほど熱かったのだが、僕は猛烈に感動していた。温泉宿では、よく管理された湯船が用意されている。草津の湯畑のように源泉を見学できるところもある。しかし、僕の目の前にあるのは地球が温泉という恵みを生み出している瞬間だった。

最高の光景を見せてくださった長濱さんに別れを告げ、僕はいよいよ旅の最終地点を目指した。日本の秘湯100選にも選ばれている『東温泉』だ。

昨日、今別府さんの車で通った椿ロードを3キロ近く歩いただろうか、40分ほどで島の東側の海へ出た。

僕はしばらく言葉を失った。目の前に広がる東シナ海。岩場にぶつかった波が飛沫を高く上

げている。その飛沫が風に乗って、波打ち際に並ぶ3つの湯船に降り注いでいる。

ダイナミックの一言。圧倒されてしまった。東シナ海の絶景を独り占めする波打ち際の秘湯。とうとう辿り着いた。僕は服を脱ぎ捨て、3つの湯船の温度をそれぞれ確かめた。波打ち際により近い、一番低い岩場にある湯船が適温だった。入湯の際、いつもなら「いただきます」と言うのだが、この時はついに手を合わせてしまった。

うぅ…………

感動だ。感激はいっぱいあるが、感動は貴重だ。とりわけ返しが溜まっていたわけではない。むろん観光地ではないから、僕以外に誰もいなかった。ひっそりしていて何もない。ただただ地球の恵みをいただくのみ。雄大な自然の中、小さな小さな存在である人間が、生まれたままの姿で佇んでいた。

ありがとうございます。

気が付くと僕は泣いていた。

洞窟温泉

正式名称は「田代の洞窟温泉」。洞窟の上から滝の様に常に温泉が流れ落ちている。

東温泉

前面には東シナ海、背後には硫黄岳という大自然に囲まれた露天風呂。日本の秘湯100選にも選ばれている。

僕の最終形態

長野県大町市「湯俣温泉　噴湯丘の湯」

♨玉回しで返し満タン入りました

難攻不落の秘湯に挑む『原田龍二の一湯入魂』。〝川温泉〟の舞台は、長野県大町市の『湯俣温泉噴湯丘《ふんとうきゅう》の湯』。徒歩で片道2時間30分超。川底から熱湯が噴出する、まるで釜茹でのような〝地獄の〟川湯だ。

どのガイドブックを見ても、素人が手を出してはいけない難易度ＭＡＸの秘湯、といった記述が目立つ。ならば行くしかない。温泉俳優の名に掛けて。

旅のスタートはＪＲ信濃大町駅。明日の決戦に備えて、今日は一日信州を楽しむつもりだ。さてさて、どこに行こうか、何をしようか。駅前の観光案内地図の看板を覗き込む。紅葉の名勝地として名高い高瀬渓谷……りんご園……なるほどなるほど……和紙？　和紙？　気になった僕は近くの観光案内所へ。大町市は北アルプスの湧き水、雪解け水に恵まれた〝水の町〟。その良質な水が和紙づくりに生かされているという。納得だ。駅前から歩いて5分の和紙工房にへお邪魔してみることにした。

信州松崎和紙工業株式会社。三代目の腰原さんは、平安末期から始まった信州松崎和紙の伝統を引き継ぐ職人さん。この一帯では後継者不足などで和紙づくりが縮小していったため、信州和紙を手掛ける唯一の方らしい。

作品を見せていただいたのだが、花や葉をすき込んだ紙は、とても美しかった。この工房では事前予約（1000円）で紙すき体験が出来るとのこと。突然お邪魔したにも関わらず、体験させていただくことになった。

紙をすくために紙料を溶解しておく漉舟《すきふね》という槽に、水をすき上げる漉簀《すきす》という道具を、両手で持って差し入れていく。漉簀の表面に水がざっと流れて入ってくる。手前と奥に揺らして漉くのだが、これが難しい。漉簀は重いし、入ってきた水が打ち寄せる波のように暴れる。腕も辛いが、腰がやられそうだった。

「うまいなぁ、すごいなぁ」

腰原さんにおだてていただくのだが、全然ダメだった。こんなに力とコツのいる作業だとは知らなかった。百聞は一見に如かず。何でも体験してみることで、プロたちの凄さがわかるというものだ。

和紙の次に興味を持ったのが、りんごだ。信州といえば、僕の二大好物である温泉と蕎麦に次いで、果物がランクインしてくる。

スマホで大町のりんご園を検索すると『小澤果樹園』というところが気になった。35歳の若社長が、りんごはもちろんシードルも製造しているようだ。ホームページの作りもお洒落な感じ。いつもは年季の入ったその道のプロに惹かれる僕だが、たまには若い方にもお会いしてみたい。

電話で問い合わせてみると、小澤さんが車で迎えに来てくださった。お礼に何かお手伝いさせていただこう。

小澤浩太さんは大学卒業後、ＩＴ企業に就職。ところがリーマンショックで会社が傾き、退社を決意。甘い世界じゃないと反対する親御さんに頼み込んで、りんご農家を継いだという経歴の持ち主。

イタリアやアメリカで新しい農法を勉強し、先代までの農法を大改革し、シードルやジュースなどの加工品にも力を入れてきたという。また、一本から１００〜１２０個収穫できるというりんごの木オーナー制度（年間２８５００円）を取り入れたり、物置小屋をお洒落なカフェに改装したりと、かなりのやり手だ。

農園に連れて行っていただき、収穫間近という旬真っただ中のりんごをいただいた。シナノスイートという品種だ。その場でもいで、がぶり。

めっちゃくちゃ旨い！！！

どのくらい旨いかというと、その後取り寄せているほどに、だ。車で迎えに来ていただき、旬のりんごをごちそうになった僕はお手伝いを申し出た。

りんごは陽が当たった部分だけが赤くなる。全体的に隈なく色づくようにするためには、陰を作ってはいけない。葉を剪定し、果実をひとつひとつ陽の当たる方向へ回転させてあげる必要がある。〝りんごの玉まわし〟というそうだ。

一本の木に200個くらいの実がなる。僕は5本の木をやって、へとへとになった。見渡す限りの木々。一体何本あるんだ……気が遠くなった。いや、農家さん凄い。
僕はこうしたお手伝いが好きだ。未知の体験をさせていただけるのは、好奇心旺盛な僕にとってたまらなく楽しい。そして、こんな大変な作業をされているんだ、と様々な職の方に感謝が出来る。例えばそれが農作業であれば、この場合はりんごだが、りんごを食べるたびに思い出し、より有難く、より美味しくいただけるからだ。精魂込めて作っている方たちのことを思うと、食べ物を残せなくなる。

玉回しを終えた僕は、今宵の宿をまだ決めていないことに気付いた。小澤さんが毎年年越しを家族で過ごすという宿を薦めてくれた。車で送っていただいたのは大町温泉郷にある8つの旅館のひとつ『緑翠亭　景水』。立山黒部アルペンルートの観光客も数多く利用する、大型の観光ホテルだ。建物も料理も立派の一言。従業員の方の対応も素晴らしかった。経年劣化が微笑ましい素朴な宿や野趣溢れる露天風呂を好む僕だが、この日は至れり尽くせりのハイクラス旅館が有難かった。部屋に備え付けられた露天風呂をいただいたのだが、

あーあー、返し溜まってました！

想像以上の気持ち良さだったのだ。りんごの玉回しで、自分でも思いがけないほど疲労が蓄積していたのかもしれない。この夜の深い眠りは、明日の決戦に備え、最高の充電時間となった。

♨温泉ってこんなに大変だったっけ？

決戦の朝を迎えた。高瀬川上流の湯俣川沿いにある、通称『湯俣温泉　噴湯丘の湯』を目指す。まずは経由地となる高瀬ダムまで行かなければならないのだが、一般車両が通行できる範囲が限られているのだ。ダムが東京電力の敷地内となるため、通行許可を得た車両でしか高瀬ダムに行くことはできない。

僕は事前に予約していた通行許可を持つ専用タクシーに乗り込んだ。ちなみに高瀬ダムへ行ける契約タクシーは2社しかない。そのうちの一社、アルピコタクシーさんにお世話になった。

ダムの側面を走っていく。やがて車窓の向こうに、目を疑うような景観が見えてきた。高瀬ダムは岩石を積み上げたロックフィルダムという工法で建設されている。僕が目のあたりにしたのは、空へ向かってうず高く積まれた、まるで石の丘だった。

「ここまでです」

運転手さんが車を止めた。ここというのがどこなのかわからないが、定められた通行区間の終点なのだろう。

「湯俣温泉に行かれるなら、あのトンネルのほうです。いってらっしゃいませ」

降車してトンネルへさしかかった。全長900メートルをひたすら歩かなければならない。この先はゴールまで全部徒歩だ。

闇の中をわずかな照明を頼りに黙々と歩く。しかも緩やかな上り坂だ。視界の先に出口の光が小さく見えているのだが、歩けども歩けども辿り着かない。景色がないとものすごく長く感じるものだ。15分ほどで抜けたのだが、約1キロの暗闇は距離以上に遠く感じた。

トンネルを抜けると、そこは秋だった。一気に開けた広大な視界。エメラルドグリーンのダムの湖面と北アルプスの紅葉が眩しい。息を飲むような絶景だった。

僕が訪れた10月中旬は『紅葉とダム湖百選』のベストシーズンだった。しかも雨男の頭上は光り輝く秋晴れだ。先ほどのトンネルと違い、歩いても歩いても飽きない。疲労感もなかった。

1時間ほど歩いて絶景を堪能すると、急に景色が一変した。ダムという究極の人工建造物から、北アルプスの大自然に切り替わったのだ。

〝湯俣温泉登山口〟という看板を境に、アスファルトを踏みしめてきた靴は山道へ入った。息が切れてくる。タクシーを降りてからすでに1時間30分近く歩いてきた。途中、野生の猿に至近距離で遭遇した。幸いにも一匹。集団なら大変なことになっていただろう。仲間に危険を知らせるためか、キーキーと高く鳴いた。そのあと、写真を撮ろうとした僕を低く唸って威嚇した。まずい。早々にその場を去った。

山道を抜け、高瀬川沿いに出た。ここからは流れに沿って河原を進んでいく。上流の湯俣川に温泉が湧いているのだ。

河原の砂利に足をとられる。機材を抱えた溝口カメラマンや音声の伊藤君は、僕よりもっと疲れていただろう。天気が良いのは幸いだったが、さすがに体力が削られてきた。きつい。温泉ってこんなに大変だったっけ。

歩き始めて3時間。川沿いに佇む一軒宿が見えてきた。長かった。僕はゴールを目指してピッチを上げた。『湯俣温泉　晴嵐荘』に到着。

「川の湯に入るには、ここで受付するんですか？」

僕は早口で聞いた。疲れていた。一刻も早く入湯したい。

「川の湯は小屋の管理ではないんですよ。ここから川沿いを進んで……」

まだゴールではなかった。

♨ちょうどいい温度の場所を求めて入浴

一度ゴールテープを切った後に、もう一度ダッシュするのはきつい。切れたスイッチをもう一度オンにするのは堪えた。

再び川沿いを進む。対岸に渡るための吊り橋に差し掛かった。〝一部ワイヤーが破損しているため一人ずつ〟という注意書き。高瀬川の急流を眼下に、慎重に渡った。まだか。まだなのか。

え？　今度は道が途切れている。崖にぶら下がるロープを伝い、再び河原を進んだ。砂利に足をとられ、足首が何度もぐにゃっとなる。油断したら捻挫する。もう一度気合を入れ直した。道が細くなり、川の中を進まなくてはならなくなった。奥田ディレクターが先陣を切って足場の安全を確認し、僕と他のスタッフが続く。靴はもうびしょびしょだ。途中、流木を橋代わりにし、砂利に足をとられ、流れにズボンの裾を濡らして進んだ。

徒歩開始から3時間半。川の中から湯煙が立っているのが見えた。あたりに硫黄の匂いが立ち込めている。川底から熱湯が噴き出しているため、風が生温かい。

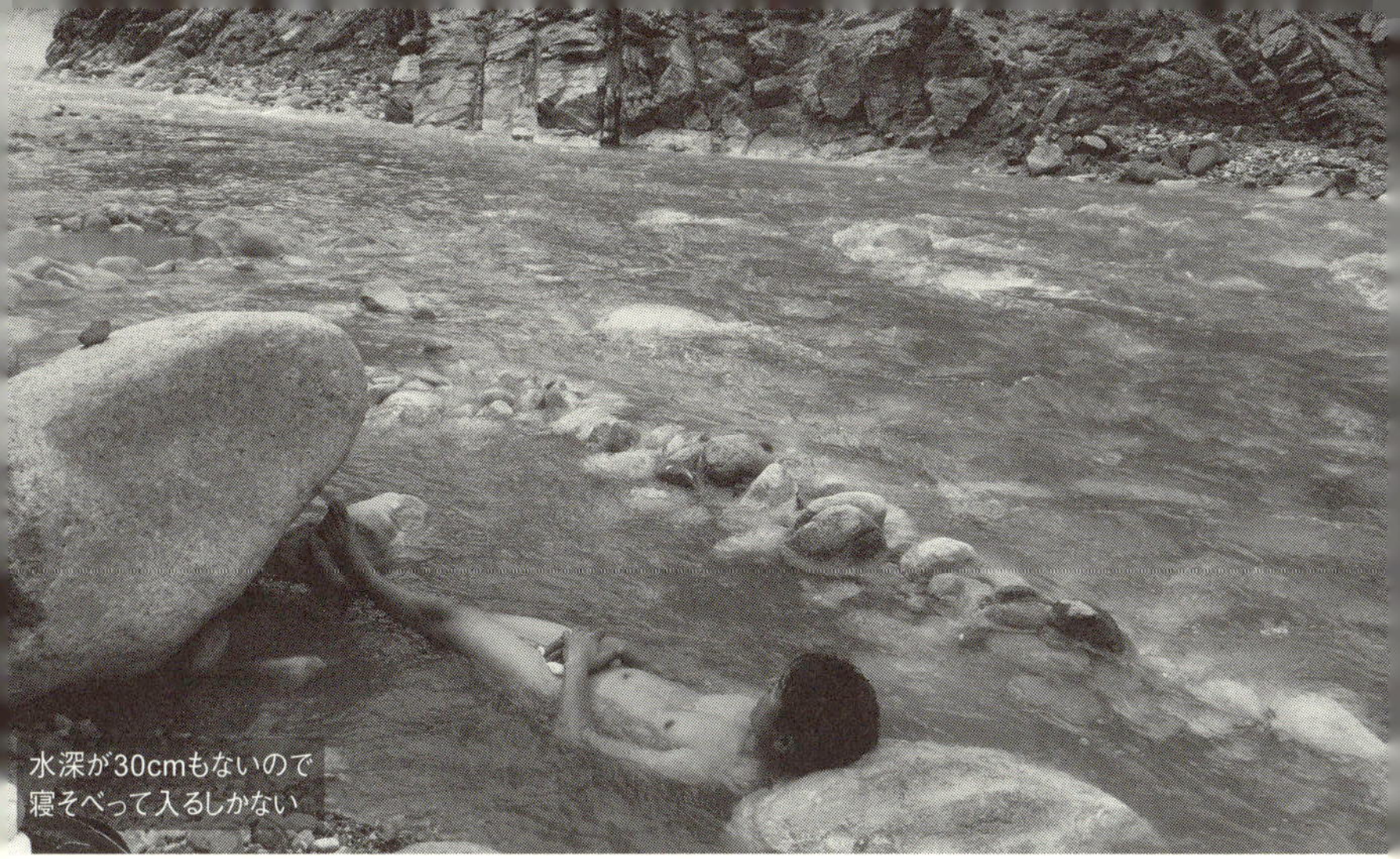

水深が30cmもないので
寝そべって入るしかない

温泉沈殿物が堆積して盛り上がった噴湯丘を見つけた。円錐状で、高さ3・5メートルの天然記念物だ。

ついにゴールだ。足元には川底のあちこちから、コポコポと熱湯が湧き出している。まるで大自然の鍋の底にいるかのようだ。湯船などない。温泉というか、もはや熱い川だ。しゃがみこんで、水たまりならぬ湯だまりに手を突っ込んでみる。


あっちぃちぃちぃちぃあっちぃぃぃ!


85度。こんなのに入ったら全身火傷だ。入れそうなポイントを探る。スタッフ総出で探しまくる。ここはどうだ。あっちぃぃ! じゃあここは? あっちぃぃ! こっちは? あっちぃぃ!

「龍二さん、ここはどうですか?」

スタッフに教えてもらったのは、ちょうど砂利が円形に並んだ一角。手を突っ込む。いい! ここだ!

湯船を自分で探すくらいだから、脱衣所などあるわけがない。僕はその場で服を脱ぎ捨てた。10月中旬の北アルプス。全身に鳥肌が立つ。早く入りたい！　腰にあてがった一湯入魂の手ぬぐいが寒風に舞い、カメラの前でめくれ上がっても気にする余裕はもうなかった。モザイクかけてくれ。いざ！　足を踏み入れた。あれ？　足を一歩動かすたびに温度が変わる。温かい。冷たい。あった、いや冷たい。温かい。あれ？　あれ？　川の冷水と川底から湧き出す熱湯が入り混じっているため、ポイントポイントで温度が変わるのだ。そして外気に晒されているため全身は鳥肌。体温調節がどうかなりそう。もうわけがわからない。

足先でかき混ぜて強引にしゃがみ込んだ。水深30センチもないため浸かることはできない。僕は川に寝そべった。体の背面は沈んでいるが、顔も腹も足も体の前面は外気に晒されている状態。ただ浅瀬に倒れている感じだ。これ、入ってることになるのか？

両手をばちゃばちゃさせ、外気で冷えたお腹に湯をかけ続けなければならない。温泉は疲れが取れる、といわれる。断言しよう。ここでは取れない。第一温まらない。僕は思わず呟いた。

「温泉俳優という名前が甘ったるく感じる。入るという感じじゃない。自分が温泉の一部になっちゃってるような…」

そう、僕は入湯客ではなく、温泉俳優でもなく、とうとう温泉人間になった。いや、もはや温泉自体になったのだった。

大町温泉郷

高瀬渓谷葛温泉からの引湯した温泉郷。十数件の宿が軒を連ね、白樺やナラ、ブナの林に囲まれた自然との調和が美しい静かな場所。

「緑翠亭　景水」

㊟ 長野県大町市平2884-13

湯俣温泉

高瀬川の上流、湯俣川と水俣川の合流点にある。川との一体感を満喫できる温泉。

句点の旅

栃木県那須郡那須町「鹿の湯」
栃木県那須郡那須町「大丸温泉」
栃木県那須塩原市「三斗小屋温泉」

♨偶然出くわした命の物語

難攻不落の3つの秘湯に挑む特別番組『原田龍二の一湯入魂』。山温泉の舞台は栃木県。那須連山に潜む三斗小屋温泉だ。ここもまた難攻不落。交通手段は徒歩のみ。しかも山越え谷越えで片道2〜3時間かかる。登山やトレッキング装備で向かう温泉なのだ。ひとっ風呂浴びるか、という軽いノリで行ける場所ではない。温泉俳優を名乗る以上、どうしても入らなければならない秘湯である。

2017年11月11日。那須塩原駅に降り立った。東京はまだまだ平気だが、11月の栃木はしっかり寒かった。秘湯は旅のゴール。例によって旅の初日は気ままに旅を楽しむつもりだ。さて、まずはどこへ行こうか。ふと駅舎を振り返ると、町おこし的な巨大な垂れ幕がかかっていた。100メートル先からでも余裕で読めるような大きな字で、〝那須塩原市は生乳生産本州一のまち〟。

ここまでアピールされたら無視はできない。じゃあ牧場へ行ってみようか。周囲を見渡したが、視界の中に観光案内所がない。階段を登って駅構内に戻るのも面倒で、僕はスマホを取り出した。

さすがは本州一。いくつも牧場がヒットする。観光バスが乗り付ける千本松牧場のような巨大な有名牧場もある。そんな中、ひとつのホームページで手が止まった。『今牧場』。家族経営なのか、少人数でやっているようだ。牧場主の素朴な笑顔も気に入り、お会いしてみたくなった。

忙しくしていらっしゃるかもしれない。いきなり押しかけてご迷惑にならないように（いきなり押しかけてばかりだが）、電話してみた。すると、駅まで迎えに来てくださるというではないか。良かった。迎えに来ていただけることはもちろん、優しい方そうでホッとした。

今さんの車を待つ間、僕は何かお手伝いさせていただこうと考えていた。ご迷惑にならない範囲で、何か雑用や力仕事をやらせていただけたらいい。働いた後に搾りたての牛乳を一杯いただけたら最高だな……チーズなんかお土産にいただいちゃったりして……動機が不純になってきたところに、今さんの車が現れた。ホームページの写真のまま、朴訥な優しそうな感じの方だった。

今牧場に到着して早々、今さんが驚くべきことを口にした。なんと出産間近の母牛がいるというのだ。1時間か2時間後には分娩作業が始まるという。そんな大変なタイミングにお邪魔してしまったわけだが、立ち会わせていただくことになった。

とはいえ、僕は楽しみだった。牛の出産に立ち会う機会などめったにない。一生ない人のほうが圧倒的に多いだろう。図らずも貴重な経験をさせていただけるのだ。

母牛の様子が変わり、いよいよ始まった。ワクワクしていたのだが、今さんの次の一言で状況は一変した。

「逆子らしい」

　頭と前足が一緒に出てくるのが正常。逆子の場合、後ろ足から出てしまうらしい。難産が予想された。母牛の足の間から少しだけ出ている子牛の足先に、従業員さんがフックをかけた。みんなでロープを引っ張り、母牛の出産を助けるのだ。僕も男手の一人として手伝わせていただいた。しかし30分経っても子牛は出てこない。今さんによれば、逆子どころか子牛の体が胎内でよじれている可能性があるという。もはや難産の範疇を越え、母子ともに生命の危機がある。そう判断した今さんは獣医さんを呼んだ。

「子供、死んじゃってるかもね……」

　獣医さんが産道に腕を突っ込んで呟いた。頭がつっかえてしまって一番まずい体勢らしい。重苦しい空気が現場を支配した。

「産道に腕を入れてみます？」

　獣医さんが僕に声を掛けてくれた。生まれて初めて牛の出産に立ち会った。今後の人生でも多分ないんじゃないか。まして牛の産道に腕を突っ込むなんて、今後も二度と経験はないだろう。ここで突っ込まなかったら一生突っ込まない。獣医さんの指導の下、慎重に腕を差し入れた。ビニール越しにも温かい。命の温度だ。ど素人の僕は産道の中で手首を回して中の様子を探った。通常なら頭が触れ、口や鼻の感触を確かめられるはずらしい。素人でもわかるという。しかし、僕の手はどこをどう探っても、子牛の口や鼻らしき感触を感じることは出来なかった。

　どうすればいい……獣医さんは再び腕を差し入れて産道を探り始めた。死産であっても、子牛を取り出さなくてはならない。せめて母体を助けなくてはならない。どのくらいの時間が経っていたのかはわからない。ただそれはもう絶望的な長さだということは僕にもわかった。今さんはこの時、奥田ディレクターに「ここの映像は流さないでほしい」と伝えていた。悲しい結末を覚悟していたのだ。

獣医さんが血だらけになりながら、産道を探った。もうダメだろうが、子牛を取り出さなくては母牛を助けられない。

絶望的な空気の中、僕はなぜかバッドエンドにはならない気がしていた。根拠はない。

次の瞬間だった。胎内でのつっかえが取れ、子牛が飛び出してきた。血だらけで地上に転がった。

「生きてる！」

僕は思わず叫んだ。疲労困憊のはずの母牛が、生まれたばかりの子牛の全身を丁寧に舐め始めた。その姿を目の当たりにして、僕は涙が出てきた。


牧場を後にした。大仕事を終えた今さんが、僕を送ってくださった。何から何まで本当にすみません、ありがとうございます。本当に貴重な経験をさせていただいた。

雪が舞う中、送ってくださった先は今さんイチオシの『北温泉』だった。そう、この番組は旅番組であり、僕は温泉俳優なのだ。さっきまでは息を飲むようなドキュメンタリー番組になっていたが。

標高1170メートル。今宵の宿『北温泉旅館』は160年の歴史を持つ老舗旅館だ。自炊設備もあり、湯治としての利用客がいる一方、学生など若い人たちも訪れる那須屈指の人気の宿としても知られる。

渋い雰囲気の湯治場が、10代や20代の人たちにも知られる存在になったのは映画『テルマエ・ロマエ』の影響だろう。上戸彩さん演じる主人公の実家の温泉旅館としてロケ地になったのだ。

宿には9つもの湯があるのだが、僕は一番人気の『天狗湯』をいただくことにした。人の顔の十倍以上はありそうな大きな天狗のお面が、壁に掛けられている。旅行雑誌などで旅館が取り上げられる際には、必ず載っている名物湯だ。掛湯をして、いただきます。

ああー、すごい。ああーいただきます。うぉー、ほら、気持ちいいーー。

3つの源泉を持ち、湯量も豊富。そして熱めの湯だ。熱めの湯は最初に体が強張るが、慣れてくると全身を強く包まれるように気持ち良くなる。いい湯だ。気持ちいい。なんせこの日の昼間は強烈な体験をした。命の現場に立ち会わせていただき、胸が熱くなった。心地よい疲労感が最高の返しになって、湯が染み渡る。頭上には天狗の巨大面。突き出た鼻先から水滴が滴り落ちてくる。あぁ、貴重な一日になった。僕は旅の神様に感謝しながら長湯を楽しんだ。

♨ 秘湯を目指すもまさかの結末

翌日。北温泉を後にし、那須ロープウェイ山麓駅へ向かった。いよいよ那須連山に潜む秘湯、三斗小屋温泉を目指すのだ。

那須岳の標高1390メートルにある山麓駅はしっかりと雪に覆われ、風が吹きつけていた。閑散としていて人がいない。胸騒ぎは現実になった。ロープウェイが強風のため運転を停止していたのだ。風が収まれば運転再開するらしいのだが、相手は天気。いつどうなるかはわからない。

とはいえ簡単には諦められない。今回の旅の目的は連山に潜む秘湯の制覇だ。朝9時。三斗小屋温泉までは山道を徒歩で往復4時間かかる。仕事の都合で今日中には東京へ帰らなくてはならない。一分でも早く出発したいのだが、風が止むのを待つ以外に出来ることはない。

ロープウェイを使わず、すべてのルートを自力で登山するルートもある。そうなると往復6時間かかる。それでもいいと思った。

係員の津田さんに相談すると、はっきり言われた。

「絶対にすすめられないです!」

津田さんの説明によれば、登山ルートの途中にある峰の茶屋跡は、日本三大に入る風の難所だという。しかも11月の那須連山はすっかり銀世界。風と雪。ベテラン登山家がアイゼンをつけて挑む場所なのだ。僕は登山初心者のうえに、冬登山の装備を一切していなかった。挑むのは自殺行為。なんせアイゼンどころか『一湯入魂』と書かれた手ぬぐいしか持っていないのだから。湯にかける魂だけではどうにもならないことがある。

「諦めてください」

津田さんの一言で、僕は断念した。無念の帰京を余儀なくされた。

雪深い三斗小屋温泉は11月26日から冬季休業。僕が訪れたのが11日。仕事のスケジュールが合わず、2017年は断念することに。

悔しい！　来年は必ず！　僕はリベンジを誓ったのだった。

我慢我慢、、、湯行僧のごとく

2018年8月20日。僕は再び那須塩原駅に降り立った。去年の11月から9か月ぶり。言わずもがなのリベンジマッチ。前回は風と雪により断念せざるを得なかったが、今回は夏。もう絶対に遂げてみせる。僕は燃えていた。

とはいえ二泊三日の那須の旅。悲願のリベンジマッチは明日、二日目。初日は楽しく気ままに過ごしたい。僕は駅前で休憩中だったバスの運転手さんに声をかけ、早速お薦めの温泉を教えていただいた。気ままにとはいえ、やはり気合が乗っていたのだろう。スタート早々の入湯宣言だ。

一日三食ならぬ〝一日三湯〟しよう。明日の本番に臨むためには、いい肩慣らしになるはずだ。

一湯目は『源泉　那須山』。ここは工場、販売所、レストランなどを併設した複合施設『お菓子の城那須ハートランド』の敷地内にある。地元の方が仕事帰りに行くも良し、観光客がドライブの途中にふらりと立ち寄るも良しの、気軽な日帰り温泉施設だ。とはいえ、よくある健康ランドとは一線を画する。総ヒノキの大浴場と露天風呂は源泉かけ流し。早速、露天風呂をいただいた。

ああー、いい。いい湯ですよ、これ。

雨男の頭上は晴れ空。那須山から吹き下ろす風がひんやりと心地よい。一湯目としては絶妙な〝湯〟加減の温泉だった。

ウォーミングアップを終えた僕は『道の駅 那須高原友愛の森』内の『ふれあいの郷直売所』を訪れてみた。地産の野菜や果物がリーズナブルに買い求められるとあり盛況。地元の方や多くの観光客でにぎわっていた。果物大好きな僕がめざとく見つけたのがいちご。栃木のいちごと言えば『とちおとめ』だが、7〜11月が旬という『なつおとめ』を食べてみた。『とちおとめ』よりもずっと小ぶり。酸味が効いていて美味しかった。

爽やかな一湯目をいただき、いちごに舌鼓を打ち、すっかり〝旅体〟がほぐれた僕は、早くも二湯目が欲しくなった。道の駅内の観光交流センターでお薦めの湯を伺う。係りの方が教えてくれたのは『鹿の湯』。僕も名前だけは知っていたが、なんと飛鳥時代に開湯した1300年以上の歴史を持つ、超のつく歴史的な温泉だという。山狩りの矢に射られ、傷ついた鹿が傷を癒したというのが起源らしい。即決だ。温泉俳優としては必須科目に思えた。

いいペース、いい流れだ。一湯目は爽やかに。二湯目は歴史的な湯に抱かれ、そのあとは三湯目、すなわち今宵の宿を見つけて、明日の本番に備えて今日はのんびりしよう……そんな僕の目論見は完全に外れた。『鹿の湯』は、鹿などとかわいいものでなく、鬼の棲家だったのだ。

那須湯本温泉のバス停前から徒歩ですぐ。アクセスもいい。この後待ち受ける運命を知る由もない僕

は、長く湯治場として親しまれた、ひなびた外観に「うん、うん、これこれ」と頷きながら玄関をくぐった。

脱衣所で、裸に一湯入魂手ぬぐいという〝正装〟になった僕は、浴場の雰囲気にただならぬものを感じた。

横2、奥へ３。計６つのほぼ正方形の湯船が低く敷かれている簡素な造り。その６つの湯船と湯上りに、先客の方々がびっしりと溢れていた。そこまではいい。問題は浴場を支配する雰囲気だ。おしゃべりしながら和気あいあいと、という感じではない。湯船に浸かる方々は滝行を敢行する修行僧のように目を閉じていた。湯上りで休んでいる人たちは、まるでセコンドが用意した椅子に腰かけたのボクサーのように疲れ切り、それでいて眼光は鋭い。まるで次のラウンドに向けて闘志を燃やしているような、手負いの獣の殺気を漂わせていた。なんだここは……。

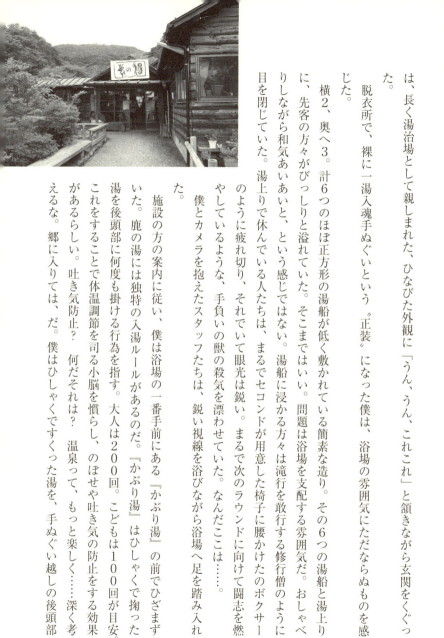

僕とカメラを抱えたスタッフたちは、鋭い視線を浴びながら浴場へ足を踏み入れた。

施設の方の案内に従い、僕は浴場の一番手前にある『かぶり湯』の前でひざまずいた。鹿の湯には独特の入湯ルールがあるのだ。『かぶり湯』はひしゃくで掬った湯を後頭部に何度も掛ける行為を指す。大人は２００回。こどもは１００回が目安。これをすることで体温調節を司る小脳を慣らし、のぼせや吐き気の防止をする効果があるらしい。吐き気防止？　何だそれは？　温泉って、もっと楽しく……深く考えるな。郷に入りては、だ。僕はひしゃくですくった湯を、手ぬぐい越しの後頭部に掛けた。

うおぉああああ熱っっっっっっっっっっいいいい！！！！！

僕は思わず叫び、ひざまずいた状態で少し体が浮いた。生まれて初めて、こんな熱湯を浴びた。すぐそばの壁に48度と書かれてある。嘘だろ、なんなんだこれは。これは僕が知っている温泉ではない……僕はひるんだ自分を心の中で一喝した。ここで引くわけにはいかない、温泉俳優の名に掛けて！

ああ熱っっっっ！！！

熱いものは熱い。

あ熱っっ！

熱っ！

熱い

ああ

……

人間の体は凄い。慣れていくものだ。熱くてたまらないのだが、やがて黙々と作業するようにかけ続けた。だが、もちろんこれで終わりではない。これから何かが始まるのだ。

かぶり湯を終えた僕を、先客の方々が見つめた。ほとんどが年配の方々だ。先ほどの射るような視線ではなく、少し笑っている。

温泉俳優？　笑わせるな小僧。ここがどんなところか、やっとわかったようだな。

目がそう語っていた。僕は6つの湯船をあらためて見渡した。それぞれの湯船のそばの壁に41℃、42℃、43℃、44℃、46℃、48℃と書かれてある。僕の心の中で戦いのゴングが打ち鳴らされた。勝つか負けるかはわからない。しかし僕は最後まで諦めずに戦おう。一湯入魂の手ぬぐいに掛けて!!!　よっしゃ！　まずは41度からお邪魔しまーす。あ、すいません、失礼しまーす。

あー、ちょうどいい。

適温というやつだ。先客の方によれば、素人は43度までで留めておくのが普通らしい。そうだろう。43度だって結構熱いはずだ。次は43度へ行こうか。徐々に体を慣らしていくのが筋だろう。いや、そうすると高温域に達するまでに体力を

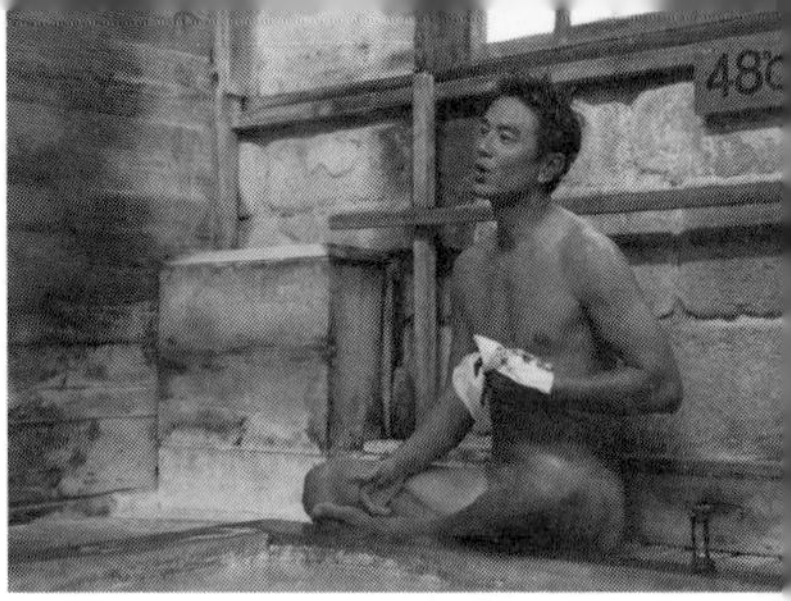

奪われてしまう可能性はないか。一気にジャンプアップしてみようか。

僕は恐怖と好奇心とがごちゃ混ぜになった状態で、41度を後にした。

走り高跳びや棒高跳びの選手のように、42～44度を一気にパス。僕は46度に挑むことにした。もう引き返せないところへ自分を追い込むことで、試練を乗り越えるつもりだった。

湯船の周囲を、地元の猛者と思しき先輩方が取り囲んでいる。

「44度までが大衆浴場。ここは湯治場！」

門番と思しき方が僕の目を見て言った。風貌に迫力があり、鬼のようだと思った。

人間の体は低体温だと免疫力が落ちる。温めることで免疫力があがり、病気に強い体になる。これは科学的に証明されている真実だが、鹿の湯が長く湯治場として親しまれてきた理由でもある。

鬼は僕に〝短熱浴〟のルールを説明してくれた。腰まで1分、胸まで1分、首まで1分。計3分入湯して上がるのだという。十分な休憩を挟みながら、このサイクルを繰り返すという。ちなみに浴場には時間を計測するため、砂時計がところどころに置かれてある。

まずは腰まで1分。足先を突っ込む。あぁヤバいなこれは……くるぶし、脛、膝と入れていく。

僕は●●●を心配した。足がこれだけ熱いなら、●●●はどうなってしまうのか。でも考えても仕方がない。やるしかないのだ。入っている先輩たちもいるのだから、大怪我することはないだろう。

僕は何とか腰まで浸かった。●●●よりも足のほうが熱くてたまらなかった。いや、もう熱いという表現ではない。炉の中に放り込まれているかのようだ。熱湯が僕の足をがっちり固めている感触。微動だに出来ない。少しでも動くと湯の中で対流が起き、熱波が僕の体を焼く感触なのだ。

うーーーーーーーん!!!

歯を食いしばり、なんとか1分を耐え抜いた。鬼が手元の砂時計を持ち上げ告げた。

「次はおっぱいまで、1分!」

ぐおおおおお!!!

より一層歯を食いしばり、体をなるべく揺らさないように沈む。動けば熱の対流にやられてしまうからだ。

ボクサーの1ラウンドは3分。〝短熱浴〟も3分。僕はやっと1ラウンドの半分を越えた。1秒が長すぎる。自分が茹ダコのように赤く染まっているのが実感できる。ボスが砂時計に手をかけ、1分が終わった。

「次は肩まで浸かって」

とにかく熱い。一秒がこんなに長く感じたのは初めてだった

うぬぬぬぬぬぬ！！！！

砂時計を睨む。砂が落ちるのが遅すぎる。1秒はこんなにも長いものか。

「お父さん、まだ？」

鬼が少し間をおいて「よし！」と、砂時計を持ち上げた。僕は何とかやり遂げた。全身から蒸気を発し、真っ赤になった体で湯船の淵に立ちあがった。次の瞬間、浴場に大きな拍手が巻き起った。

「すごいぞ」

「よくやった」

「たいしたもんだ」

浴場にいた全員の方が拍手してくださったと思う。僕は深々とお辞儀した。フルチンだった。もう手ぬぐいがどこにあるのかもわからなかった。

その後、僕は地元の猛者たちでも入ることが出来る人は一握りだという48度にチャレンジした。

ううううううううううううううううう！！！！！！

これ以上閉じられないほど目を閉じ、欠けるほどの圧で歯を食いしばった。まるで溶けた鉄を閉じ込める鋳型の中だ。人は寒さを覚えて震えるが、48度の湯は熱さで人を震えさせる。もはや痙攣に近い。

決死の覚悟で3分を耐えきった。

僕が温泉俳優生命を賭けて挑んだ48度。鬼を越えた神が二人、お入りになられた。

「おかげで、何十年も風邪引いたことないよ〜」

神々は笑顔で湯船に沈んでいた。僕はまたひとつ、温泉の奥深さを思い知らされた。温泉という深淵なる海。僕はまだ浅瀬でばちゃばちゃ楽しんでいる小僧なのだ。

打ちのめされ、そして温泉道に改めて畏敬の念を抱き、僕は鹿の湯を後にした。

緑に囲まれ、雰囲気
抜群の露天風呂

♨ 温泉の川をせき止めて作られた露天風呂

修行を終えた僕は、バイブル・日本秘湯を守る会の冊子で事前に目星をつけてあった今宵の宿『大丸温泉旅館』に向かった。宿の公式ホームページでは〝那須温泉最奥地にある秘湯の一軒宿〟と紹介されているのだが、その通り。標高1300メートルの那須高原の奥に、ひっそり佇んでいる。青々とした山の緑とせせらぎに包まれた、上品な宿だ。源泉が那須御用邸に引湯されており、明治時代に乃木将軍が毎年湯治に訪れていたという。由緒ある、とはまさにこのこと。

塩だれと源泉の湯との二種類の味でいただく黒毛和牛のしゃぶしゃぶなど料理も絶品だったが、この宿の魅力はなんといっても露天風呂だ。混浴が3つ、女湯が2つあるのだが、これらは宿の脇を流れる川の湯をせき止めて作られたもの。那須一番の湯量を誇り、湯も熱いのだが、外気が適度に湯温を覚ましてくれてちょうどいい。

はあああああああ。

修行の返しがどっと出て、湯が沁みた。しかし温泉は奥深い。僕は大丸温泉のような癒しをくれる湯はもちろん好きだし、鹿の湯のような修行も楽しくて仕方がない。両極端を味わった僕はその夜、信じられないほど深く眠った。

翌朝。旅の最終日。決戦の朝だ。いよいよ三斗小屋温泉へのリベンジに挑む。カメラクルーは2班に分かれているのだが、一班はすでにスタート地点となる那須ロープウェイのほうへ先回りしていた。ところが僕はまっすぐロープウェイに向かわず、寄り道した。カメラクルーは慌てたことだろう。この旅はアポなしのガチンコ旅だから、僕の行き先を誰も知らない。無理もない。僕自身が何も決めていないのだから。唯一決まっているのはゴール地点だけ。この日は旅の最終日で、リベンジの日と決まっているのだから、カメラクルーも先回りしたのだ。しかし僕はリベンジマッチに挑む前に、どうしても会いたい人がいた。去年お世話になった『今牧場』の今さんだ。

僕は宿から目と鼻の先にあるロープウェイから遠ざかる形で、今牧場へ向かった。あいにく今さんは仕事の関係で不在だったのだが、今さんの娘婿の高橋さんが優しく出迎えてくれた。

僕はエサ寄せというアルバイトをさせていただいた。牛たちが柵から口先を出して食べるのだが、舌や鼻先で突っつくためにエサがズレてしまう。ついには届かないところまで移動してしまうのだ。それをスコップで口先へ寄せてやるのだ。今牧場には常時100頭以上のホルスタインがいるから、これはかなり重労働だ。僕は汗だくになりながら、これを毎日やっているスタッフさんたちはすごい、と素直に感心した。

報酬は搾りたての牛乳とオリジナルチーズのおやつ。労働の後もあって、笑ってしまうほど美味かった。

その後、高橋さんと地元でも評判のステーキレストラン『あ・かうはーど』で腹ごしらえし、英気を養った。

思い出の場所を再訪し、〝牛の幸〟でガソリンも満タン。いよいよ僕はリベンジマッチへ向かった。

辿り着いた答え

一路、標高1390メートルの那須ロープウェイ・山麓駅へ。涙をのんだ思い出の場所だ。去年、諦めの悪い僕の安全を考え「諦めてください」と諭してくださった、スタッフの津田さんが笑顔で待っていてくれた。

「リベンジしにきました」

「おかえりなさい」

100人以上を収容できるロープウェイに乗り込む。那須岳の緑の絨毯を眼下に楽しみながら進むはずなのだが、この日はガラスの向こうが何も見えない。霧だ。下界は晴れているのに、山頂に近づくにつれ、白く煙ってしまっていたのだ。やはり一筋縄ではいかないか。僕は気合を入れ直した。

山頂駅で降車し、山道を登り始めた。やはり霧が濃い。数メートル先は見渡せるが、数十メートル単位になると真っ白だ。景色が見えない上に、足場は石だらけで勾配も徐々にきつくなっていった。グッドコンディションに比べると倍近く疲れそうだ。僕はジーンズにスニーカーという出で立ちだったが、登山用の格好にトレッキングシューズがお薦めだ。

霧の中、黙々と登り続けること1時間弱。標高1915メートル、那須岳（茶臼岳）の山頂に着いた。家庭用の大きめの神棚ほどの『那須岳神社』に手を合わせて安全祈願。さあ、ここからが長いのだ。茶臼岳山頂からどんどん下っていく。稜線を蟻のように小さな人間たちが、小さな小さな歩みで少しずつ進んでいく。登山するたびに思う。人間はなんと小さく、自然はなんて広大なんだろうと。

現在避難所として使われている鉱山事務所跡の『峠の茶屋』で休憩を入れた。三斗小屋まで残り2・9キロの石板。まだまだ下っていかなくてはならない。途中、すれ違うのが難しいほど細い道で砂利に足を何度も取られ、風に煽られた。眼下は崖だ。踏み外したら洒落にならない。

僕たちの行軍を俯瞰で撮るため、溝口カメラマンがドローンを飛ばした。突風に煽られたドローンが

標高1915m、茶臼岳の山頂到着。
しかし、眼下に広がるのは一面の霧

岩肌に激突し、バラバラに壊れてしまった。それほど風が強かった。

砂利道が終わり、緑の中に入った。先人たちが踏みしめて固めてくれた道を下り、時に上ってまた下る。大きなカーブや小さなくねくね道をひとつひとつクリアしていくのだが、僕もカメラクルーたちも無言だった。きつい。かなり体力を奪われていた。

顔に草木が触れるほど山深いポイントもあった。熊が出そうな雰囲気だが、実際に出るらしい。

渓流にかかる橋を越え、延命水という湧き水で喉を潤し、下る下る。これだけ下れば、帰りはどれだけ登らなくちゃいけないんだ？　いやいや。すぐに計算を打ち消して、黙々と進んだ。

那須ロープウェイ山頂駅から約2時間30分。山道が急に開け、旅館が見えた。ゴール。9か月間越しのリベンジ達成なった。

三斗小屋温泉には二つの旅館がある。『煙草屋旅館』と『大黒屋』だ。今宵の宿は露天風呂がある『煙草屋旅館』のほうだ。

1142年に温泉が発見され、江戸時代には山岳信仰の行者などで賑わいをみせた三斗小屋温泉。明治時代初頭には五軒の宿があったらしいが、今はこの二つ。昔は日帰り入浴もやっていたらしいが、現在は宿泊者専用となっている。

外観は大きな山小屋といった感じだ。うるさい装飾はなく、明治時代の風情を感じる。テレビもなく、通信手段は衛星電話のみ。もちろんスマホの電波などない。自家発電のため夜9時には消灯だ。

ちなみに煙草屋というネーミングは、もともとオーナーが黒磯駅前のほうで

周囲に電灯もないので夜は
満天の星空が楽しめる

煙草屋を営んでいたことに由来するという。

宿にドサッとリュックを降ろすと、僕はすぐに露天風呂に向かった。リベンジ達成は、正確には入湯した瞬間なのだ。

宿から木製の渡り廊下を経由し、ごく小さな丘を登ったところに露天風呂があった。

石造りの小さな楕円形の湯船。見た目は何でもない。趣向を凝らした温泉はいくつも見てきたし、野趣溢れる露天も見てきた。それらに比べれば特筆すべきことはない。しかし、もう返しが限界点にまで達していた。温泉は湯そのものと同じくらい、いやそれ以上にそこへ至るプロセスが大事なのだ。

晴れていれば目の前に那須連山の絶景が広がっているはずなのだが、この日は霧で真っ白だった。しかし、もう返しが充分すぎた。掛湯をして、いただきます。

ふーーーーーーーーーーーーーーーーーーーー。

大きく息を吐きだした。適温の湯が疲れ切った全身を包み込んだ。すぐに大きな返しが来ると思っていたのだが、僕は自分の体の意外な反応に驚いた。首から下に痺れを感じたのだ。強い泉質ではないから、湯によるものではない。酸素不足から来るものなのか、感動と興奮から来るものなのか。なぜなんだろう。しばらく全身が痺れていた。こんな感覚は初めてだった。痺れはしばらく続いたが、その感覚にもやがて慣れた。

ゆっくり目を閉じた。僕は遥か昔の先人たちに思いを馳せた。開湯は１１４２年だから平安時代。山岳信仰の行者が、江戸から会津へ逃げる白虎隊が、その身を浸したという湯。今の僕のように、彼らも痺れを覚えたのだろうか。

僕はリベンジを果たした。そして『路線バスの旅』も番組終了を迎えた。ひとつの区切りだ。２００か所以上の温泉に入ってきたのだが、ひとつだけわかったことがある。

どれだけ入っても温泉はわからない、ということだ。ひとつとして同じ湯はなかったし、同じ気持ち良さもなかった。今回のこの痺れも説明がつかない。温泉ってなんなんだ？　わからない。だからこれはゴールじゃない。読点「。」ではなく句点「、」なのだ。温泉の神様が僕に痺れを与えて、このことを気づかせようとしてくれたのだろうか。

僕の旅はまだまだ続く。あぁ、長湯になりそうだ。

那須温泉
那須高原にある開湯1370年前の歴史と栃木県内第一位の湧出量を誇る温泉。「鹿の湯」は殺生石近くにあり温泉郷の象徴的な存在。
「鹿の湯」
㊟ 栃木県那須郡那須町湯本181

大丸温泉
茶臼岳東側の中腹、白戸川に沿った谷間にある温泉。那須温泉郷の中でも2番目に高い標高1300mの地点にある。
「大丸温泉旅館」
㊟ 栃木県那須郡那須町湯本269

三斗小屋温泉
那須温泉郷、那須10湯のひとつで、朝日岳(1903m)の西側の山腹標高約1460mに温泉が位置する温泉。
「煙草屋旅館」
㊟ 栃木県那須塩原市板室910

編集湯記《へんしゅうとうき》

番組ディレクター　奥田幸紀

番組の立ち上げにあたって、原田さんにはこんな風に出演依頼をしました。

「台本はないです。どこに行くかもわかりません。行き当たりばったりな感じなんですけど、いいですか？」

「そんなこと出来ない」と答える方のほうが多いと思います。でも、原田さんは「面白そう」と快諾してくれました。

台本も演出も一切ありません。訪れる土地のバス会社には事前に撮影許可を取ってきました。すると「どこの停留所で何時に乗車しますか？」と必ず聞かれます。当然です。しかし私は「決めていないです。自由にやらせてもらっていいですか？　本人次第なんです」とお願いしてきました。バス会社の皆さんは快く受け入れてくださいました。

宿や食事処でのタイアップもお断りし、正規の値段を全額お支払いしてきました。カットする可能性もありますし、何より原田さんに〝旅人〟でいてほしかったからです。

番組開始当初、温泉の泉質や効能のテロップを入れていましたが、しばらくしてなくしました。視聴者は本当にその情報を求めているのか？　という疑問が生まれたからです。きっかけは「視聴者として旅番組を見ていて、泉質や効能がいいから行きたいと思ったことは一度もないなぁ。なんだか楽しそうだから、気持ちよさそうだから行ってみたいな、ということじゃないかな」という原田さんの言葉でした。その通りだと思い、テロップを消したのです。

旅の出発点となる駅前から、旅のゴール地点まで、就寝時間以外はほぼカメラを回しっぱなしでした。ですから膨大な記録時間となり、編集作業が通常の旅番組の三倍掛かりました。私がこの番組を、いわゆる旅情報番組ではなく『旅ドキュメンタリー』と呼ぶ由縁です。

原田さんは本当の旅人でした。

「旅人が手ぶらはおかしい。だから自分の荷物は自分で背負って旅をするから」

と原田さんは言いました。原田さんのリュックは着替えの私服や旅のガイドブックなどでパンパンでした。

バス移動の最中によく熟睡していました。カメラが回っている状態で寝落ちする人は原田さん以外にいません。

旅が回を追うごとに、旅先でご好意で車に乗せていただく（ルール上セーフ）ことが増えていきました。これは原田さんが、旅先で出会った方々と本気で向き合い、楽しんでいたからこそだと思います。

その証拠に、原田さんは旅先で出会った人をよく覚えているのです。屋久島や秋田を再訪しているのですが、例えば4年ぶりに訪れた秋田では観光案内所の方の顔を覚えていました。それで原田さんのほうから「お久しぶりです」と声を掛けていました。これは本当に旅をして、出会った人たちと本当の旅の関係性を築いていたからだと思います。たとえ数分の交差だったとしても、濃い時間なのです。そもそも再訪も「もう一度会いに行きたい人たちがいるんだよね」という原田さんからの提案でした。

原田さんは本気で旅をし、本気で焦り、楽しみ、涙を流していました。そして本当に気持ち良さそうに温泉に入っていました。私は羨ましくなってしまって、いつしかカメラの死角で温泉に入るようになっていきました。実は原田さんが温泉に入っていた対極線上で満喫していたのです。たまに原田さんより先に入ってくつろいでいることもありました。そんな時原田さんは笑っていました。

こんな番組はあり得ません。裏方であるにも関わらず、仕事という意識が希薄で、一緒に旅をしている気分でした。

原田さんがバスの時刻を間違えたり、宿の予約をとるのが遅すぎて途方に暮れたりした際にはヒヤッとすることもありましたが、本気で旅をしているがゆえに起こることだし、本気で旅をしているがゆえに毎回、計算外のことが起こりました。それを視聴者の皆様は楽しんでくださっていたのだと思います。

回を追うごとに、町のみなさんに声を掛けられる機会が増えていきました。「温泉の番組観てるよ」「温泉番組の人」「温泉のあれの人」「今日はどこに入るの？」といった具合です。「路線バスの旅、観てますよ」と言われた記憶が一度もありません。制作者としては複雑ですが、番組のタイトルではなく内容で観てくださっているのがわかり、正直嬉しかったです。

番組は一旦終わりましたが、原田龍二の旅はまだまだ続くでしょう。また一緒に旅したいですし、一人旅もしたい。一人の旅人にすっかり、旅の楽しさを教えられました。

続湯宣言 〜おわりに〜

〝テレビの仕事〟ではなく〝旅〟でした。テレビ的に面白い絵が撮れなかったらどうしよう、出会いがなかったらどうしよう。そんな心配は無用でした。

自由気ままに旅をしているから、いつも何かしら起きるのです。流れるまま、流されるまま行くだけ。筋書きのないことのほうが絶対に楽しいと思うのです。大勢なら大勢の、孤独なら孤独の、晴れなら晴れ、雨なら雨の楽しさがある。どんなハプニングやトラブルも解釈次第で楽しめてしまう。バスに乗り遅れたり、宿が取れなかったりして、知らない町で途方に暮れている。そんな状況はなかなか経験できることではありません。非日常を楽しむこと。それが旅だと思います。逆にノートラブル、予定調和の旅は面白くない。それはもはや旅ではないと思うのです。

〝Life is journey
この世に生まれ落ちた瞬間から旅は始まっている〟

僕の信条です。出会いというのは、それだけでもう奇跡だと思うのです。当たり前だと考えればそれまで。すごく幸運で有難いことだと捉えれば、いかようにも輝きます。バスを一本乗り逃がさなかったら会えなかった人たち。会えなかったら辿り着くことのなかった秘湯、美味しい食事。そう考えれば偶然なんてなくて、すべては必然なのかもしれません。導かれている。今まで出会った人や、これからの出会いも全部、運命的なものだとすれば、かげかえのないものに思えます。

ハッピーもハプニングもごちゃ混ぜの旅をすると、心身ともに心地良い疲労感に包まれます。この返しが溜まった状態での温泉は格別です。

温泉は楽しさばかりではなく、ただの湯なのにいろんなことを僕に教えてくれます。急いだり焦ったりしていると、もっとゆっくりじっくり歩みなさいと。忙しい毎日を過ごして周りが見えなくなっていると、たまには自然や季節を感じなさいと。

旅は僕を、僕の人生を整えてくれるのです。大事なことは何なのか、人生の根っこの部分を思い出させてくれるのです。

温泉は僕を裸にしてくれます。鎧を脱がし、恥も外聞もプライドも欲も後悔も嫉妬も驕りも全部溶かして、僕を丸裸にしてくれます。

何も考えるな。地球の恩恵を受けて生きていること、それだけに感謝せよ。そう言ってくれている気がするのです。

だから温泉をいただくたびに思います。温泉は地球の胎内で、僕は胎児なのだと。だから人は温泉に入るたびに生まれ変わることができる。今までの自分を、良い部分も悪い部分も一旦忘れて、空っぽになって、もう一度ゼロから作っていく。

そんな風に思っています。

最後になりましたが、この場を借りてお礼を言わせてください。

僕の我がまま気ままな旅を一緒にしてくれたスタッフのみんな。ありがとう。

本当は毎回、みんなで一緒に浸かりたかったんだけど、そうもいかなかったね。いつか、みんな休みを合わせて一緒に旅が出来たらいいね。

旅先で出会った皆様。ありがとうございました。支えてもらい、助けてもらい、皆様の温かい気持ちで僕は旅を続け、楽しむことが出来ました。本当に感謝しています。またお会いしたいです。

そして番組を観てくださった皆様。この本を読んで下さった皆様。ありがとうございました。

いつの日か旅先で、温泉でお会いしましょう。

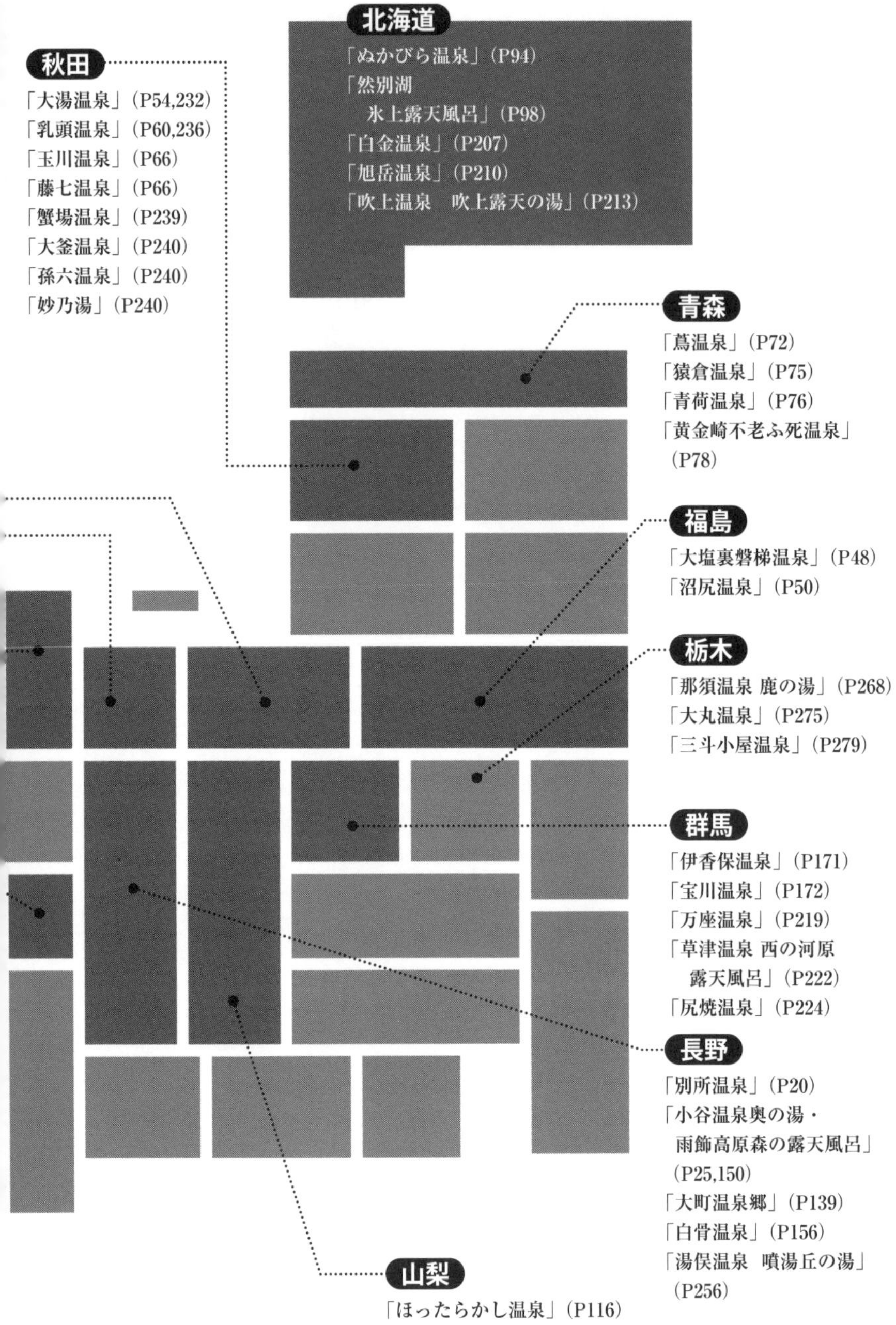
北海道
「ぬかびら温泉」（P94）
「然別湖
氷上露天風呂」（P98）
「白金温泉」（P207）
「旭岳温泉」（P210）
「吹上温泉　吹上露天の湯」（P213）
秋田
「大湯温泉」（P54,232）
「乳頭温泉」（P60,236）
「玉川温泉」（P66）
「藤七温泉」（P66）
「蟹場温泉」（P239）
「大釜温泉」（P240）
「孫六温泉」（P240）
「妙乃湯」（P240）
青森
「蔦温泉」（P72）
「猿倉温泉」（P75）
「青荷温泉」（P76）
「黄金崎不老ふ死温泉」
（P78）
福島
「大塩裏磐梯温泉」（P48）
「沼尻温泉」（P50）
栃木
「那須温泉 鹿の湯」（P268）
「大丸温泉」（P275）
「三斗小屋温泉」（P279）
群馬
「伊香保温泉」（P171）
「宝川温泉」（P172）
「万座温泉」（P219）
「草津温泉 西の河原
露天風呂」（P222）
「尻焼温泉」（P224）
長野
「別所温泉」（P20）
「小谷温泉奥の湯・
雨飾高原森の露天風呂」
（P25,150）
「大町温泉郷」（P139）
「白骨温泉」（P156）
「湯俣温泉　噴湯丘の湯」
（P256）
山梨
「ほったらかし温泉」（P116）

♨ 掲載温泉一覧

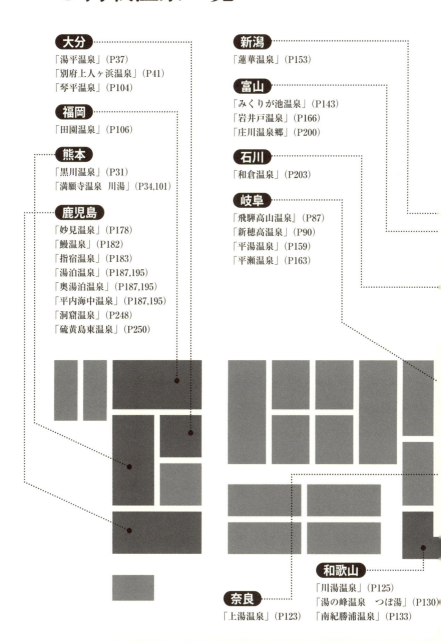

一湯入魂

2018年11月16日初版第1刷発行

著　　者　♨　原田龍二

発 行 人　♨　後藤明信
発 行 所　♨　株式会社 竹書房
〒102-0072
東京都千代田区飯田橋2-7-3
TEL03-3264-1576（代表）
TEL03-3234-6301（編集）
http://www.takeshobo.co.jp
印 刷 所　♨　中央精版印刷株式会社

制作協力　♨　株式会社BS-TBS
株式会社フラジャイル
株式会社ジェイ・エフ・ジー
株式会社ゼファー
写真提供　♨　初瀬川啓太（株式会社BS-TBS）
奥田幸紀（株式会社ジェイ・エフ・ジー）
宮﨑正志（株式会社フラジャイル）
薄田達也（株式会社フラジャイル）

マネジメント　♨　森卓一（株式会社ブロー）

ISBN978-4-8019-1651-7